魔幻物理

光学

杨智明 著

中国妇女出版社

图书在版编目（CIP）数据
魔幻物理．光学 / 杨智明著．-- 北京 ：中国妇女出版社，2025．8．-- ISBN 978-7-5127-2488-4
Ⅰ．Z228.2
中国国家版本馆CIP数据核字第20259Q8Y87号

责任编辑：朱丽丽
封面设计：付　莉
责任印制：李志国

出版发行：中国妇女出版社
地　　址：北京市东城区史家胡同甲24号　　邮政编码：100010
电　　话：（010）65133160（发行部）　　65133161（邮购）
网　　址：www.womenbooks.cn
邮　　箱：zgfncbs@womenbooks.cn
法律顾问：北京市道可特律师事务所
经　　销：各地新华书店
印　　刷：鸿博昊天科技有限公司

开　　本：165mm × 235mm　1/16
印　　张：9.75
字　　数：120千字
版　　次：2025年8月第1版　　2025年8月第1次印刷
定　　价：59.80元

如有印装错误，请与发行部联系

本书将带你穿越光的世界，

探索光的奥秘，

让你在科学的光芒中，

找到那个充满梦想和好奇心的自己。

自序

在浩瀚与深邃的宇宙中，光是最神秘的舞者，是宇宙间最璀璨的乐章。它从远古星辰中穿梭而来，穿越无垠的黑暗，带来耀眼的光芒和奇妙的色彩。当光由空气中穿入不同的介质，如水面、玻璃时，它的路径会发生惊人的变化，这种现象被称为折射；而当光遇到物体表面时，它会反弹，这便是反射。这些看似简单的现象，实际上蕴藏着宇宙的深层秘密，展现了自然界中最宏伟的奇迹。

当你在晴朗的夜里仰望星空，你看到的很多星光，都是亿万光年之远的星星在与我们对话；你看到的彩虹的绚丽色彩，那是光线在雨滴中折射出的无尽美丽。光，不仅是我们看见世界的方式，更是我们感知宇宙的窗口。每一束光线的折射与反射，都是宇宙在向你低语，引领你触摸最深邃的科学知识。

本书将带你进入光的世界，从最基本的折射与反射现象着手，深入探索光如何塑造我们的视觉体验，如何在魔术的表演中展现它神奇的力量。你将发现，科学不仅能够解释自然界的奇观，还能以其独特的方式创造出令人惊叹的艺术效果。

科学的伟大之处在于，它让我们看到世界的更多可能，让我们从浩瀚的宇宙中汲取灵感，激发我们的创造力和想象力。希望这本书能成为你探索科学奥秘的起点，让你在光的引领下，走向更加辉煌的未来。

你的朋友　杨智明

目录

欢迎来到杨博士的
魔幻科学世界

第二章 利用反射遮挡表演科学魔术

接下来跟我一起创造科学的奇迹

第三章 多次反射的魔术

耶!

奇怪

第六章 利用材料的折射率表演科学魔术

第七章 利用透镜原理的魔术

第八章 反射折射相结合与全反射的魔术

第一章

光的反射魔术

在本章中，我们将探索光学现象中最基本且最神奇的一个方面——反射。反射不仅是光线与物质相遇的故事，它更是自然界中无处不在的“交响乐”。从平静的湖面反射的月光到镜中的映象，从古代的神话传说到现代的科技应用，反射无时无刻不在我们的生活中上演着它静默的戏剧。

尽管反射现象是如此普遍，它背后的原理却蕴含着丰富而深刻的物理学知识。在接下来的章节中，我们不仅要探讨反射的基本法则——反射定律，还要带你领略反射在现实世界和魔术艺术中的多样性与魅力，揭示那些不为人知的奥秘。

神奇科学魔术

让硬币消失的存钱罐

1

魔术表演

❶ 魔术师向观众展示一个“空”的存钱罐，并宣称这是一个“异次元存钱罐”，投进去的硬币会消失不见，被传送到另一个空间！

2

❷ 观众们好奇地注视着存钱罐，发现它的四周都是密封的，只有正面是透明的，可用于观察。魔术师此时拿出一枚亮晶晶的硬币。

3

❸ 硬币被投入存钱罐中后，瞬间，硬币竟然神奇地消失了！观众们惊呼出声，目瞪口呆，无法相信自己的眼睛。

科学原理

魔术的神奇之处往往在于出人意料的视觉错觉，这个“异次元存钱罐”的魔术也是如此。这个看似简单的表演，其实暗藏玄机，让观众目不转睛却看不出破绽。那究竟是如何实现这一神奇效果的呢？

1 该魔术的奥秘在于这个存钱罐里安装了一面与水平面成45°角的镜子。

2 而存钱罐内两边的条纹是平行的，这些平行的条纹在反射的作用下让镜子不容易被观众发现。

1

2

隔空吹蜡烛

魔术表演

1

❶ 魔术师展示玻璃前面和玻璃后面各有一根蜡烛，随后点燃两根蜡烛。魔术师说："今天，我将向你们展示一个有趣且有挑战性的魔术！"

2

❷ 魔术师让观众试一试能不能同时把这两根蜡烛吹灭。观众发现因为有玻璃挡着，他们一次只能吹灭一根蜡烛。

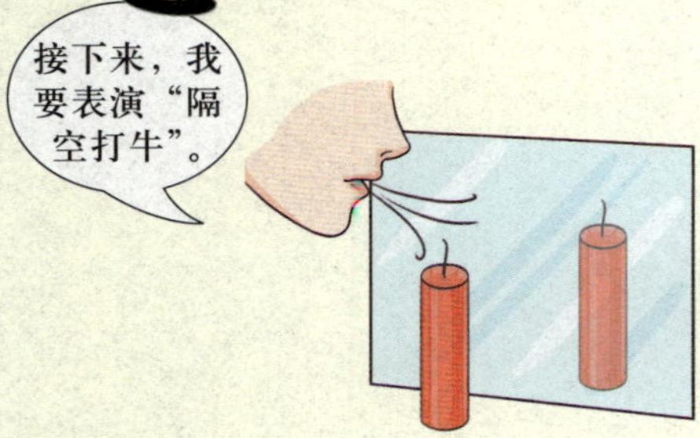

3

❸ 魔术师再次点燃蜡烛，对观众说接下来要表演"隔空打牛"。魔术师对着玻璃一侧的蜡烛吹气，令人瞠目结舌的一幕发生了：玻璃两边的蜡烛竟然同时熄灭了！

科学原理

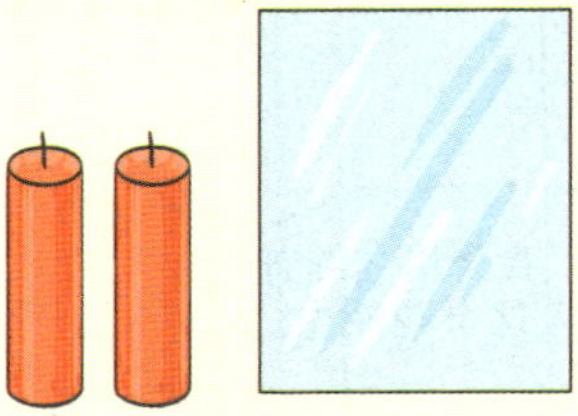
1

1. 魔术师准备两根蜡烛和一块玻璃。

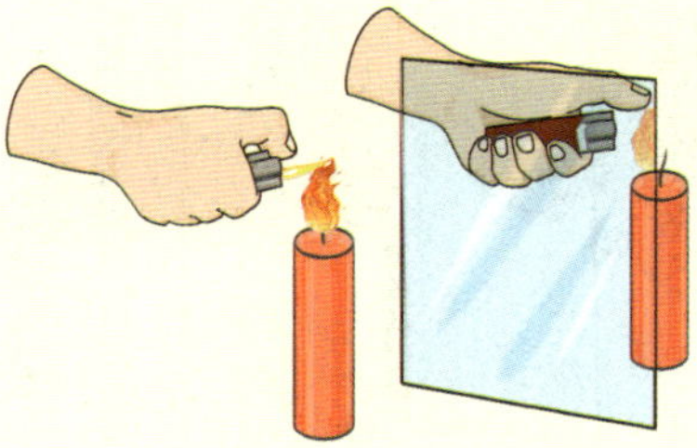
2

2. 魔术师自己吹之前，虽然当着观众的面将两根蜡烛点燃，但其实只点燃了一根蜡烛。在玻璃后面，魔术师拿着打火机，但是没有点着火。通过玻璃的反光效果，让观众以为两根蜡烛都点燃了。

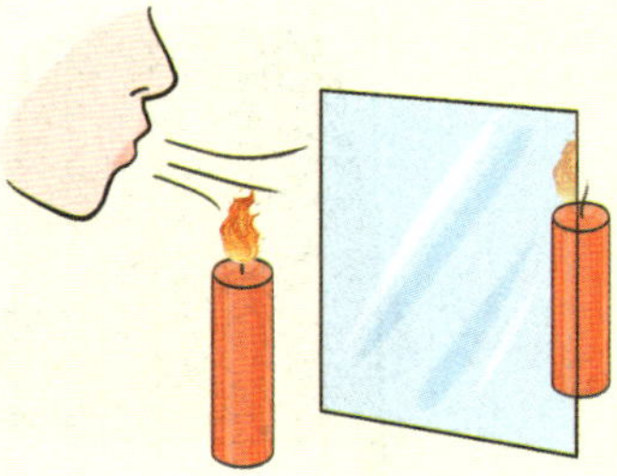
3

3. 魔术师此时吹灭玻璃前面点燃的蜡烛。

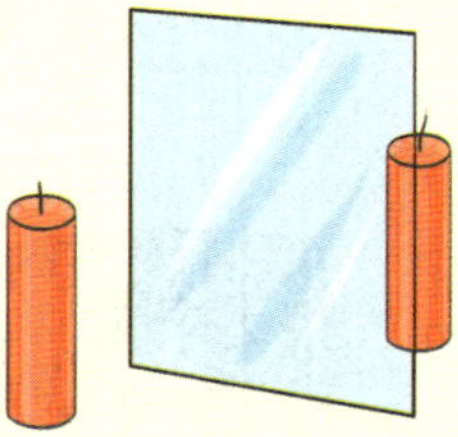
4

4. 由于玻璃的反射作用，看起来像两边的蜡烛都被吹灭了。

注意事项

未成年人进行涉及用明火的实验时，必须在老师或家长的指导和陪伴下进行。完成魔术实验后，务必及时熄灭火苗，防止造成火灾隐患，还要小心防止烧伤或烫伤。

花瓶中的姑娘

1

魔术表演

1 舞台上，魔术师说：“这里有个花瓶，接下来，我会用“缩骨功”钻入这个花瓶中。”

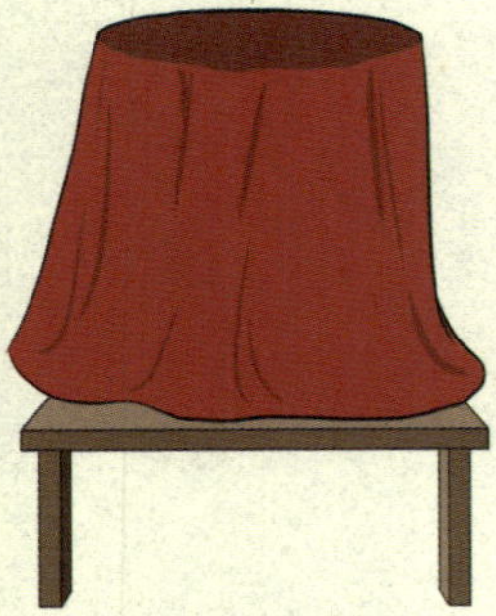

2

2 紧接着，魔术师用一块红布盖住花瓶，然后钻进红布下，好像在做什么神秘的事情。

3

3 片刻后，红布慢慢被揭开，所有人的目光再次聚焦。眼前的一幕让人惊呆了：魔术师的身体竟然全部进入了花瓶中，只有头部露在外面！

科学原理

1. 魔术师一开始展示的花瓶是一个特制的花瓶，花瓶后有一个直角的缺口。

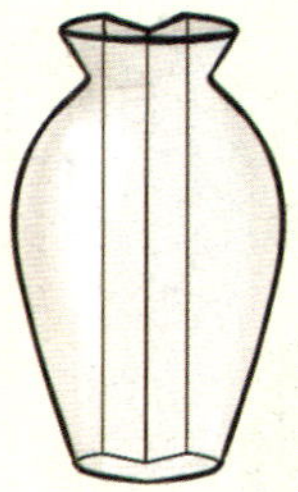

1

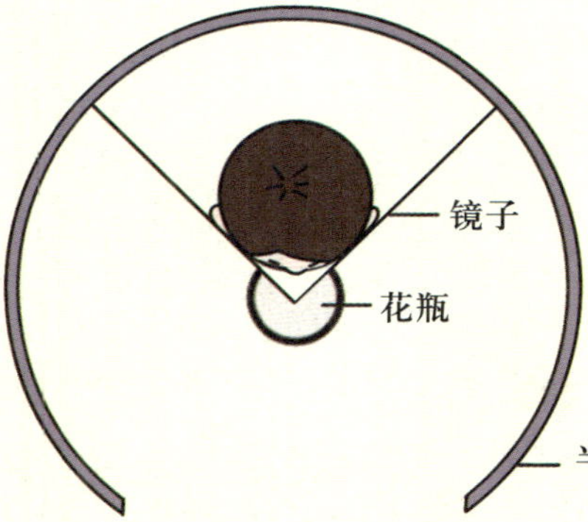

2

2. 从上往下看花瓶的结构，如左图所示，在缺口处有两块平面镜。

3. 镜子的上方被一条红色装饰的彩带盖住，所以从外面看不出有镜子。而魔术师的身体就藏在镜子后面，由于光的反射原理，镜子反射出的景象看起来就像镜子后面的空间是空的一样，从而制造出魔术师身体进入了花瓶的错觉。

3

水中燃烧的蜡烛

1

魔术表演

1 魔术师向观众展示一个透明的盒子，盒子中有一个透明的水杯，杯子里有一根点燃的蜡烛。

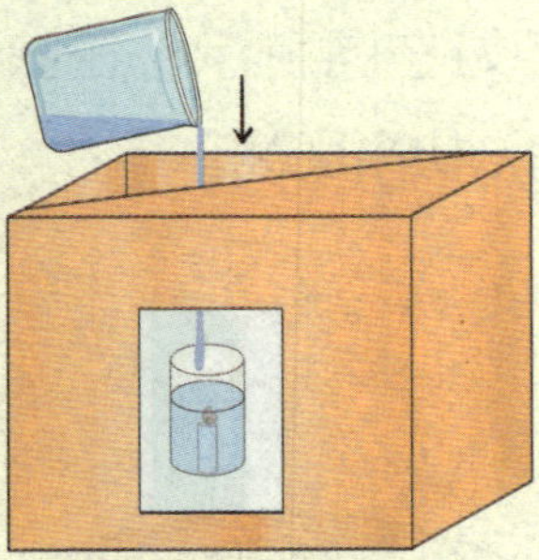

2

2 魔术师缓缓地将水倒入杯子中，观众们屏息凝视，心中充满了期待和疑惑。神奇的是，蜡烛竟然没有被水浇灭。

3

3 当杯子里的水没过蜡烛之后，观众们看到蜡烛竟然在水中燃烧，火焰在水面下跳动，仿佛在为这场表演助兴。

科学原理

1. 此魔术的秘密在于利用了光的反射原理。魔术盒内实际上有一块沿着盒子对角线放置的透明玻璃，玻璃后面有一个空杯子，空杯子里有一根未点燃的蜡烛。

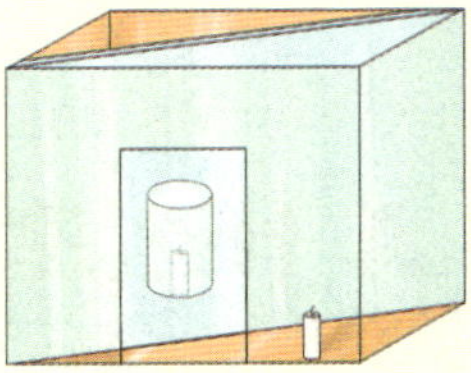

1

2. 玻璃板的前侧也有一根蜡烛，当点燃这根蜡烛时，玻璃板前侧杯子里没有点燃的蜡烛看起来也像被点燃了一样。

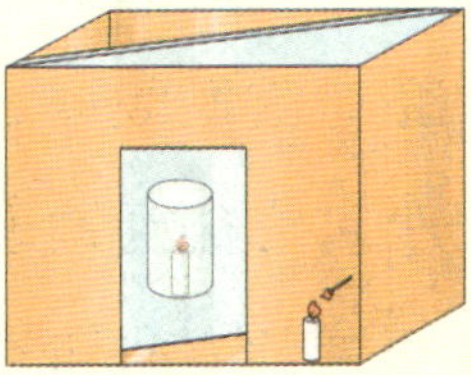

2

3. 魔术师向玻璃杯中加水，当水没过蜡烛烛芯时，并不影响玻璃反射点燃的蜡烛火焰的光线。

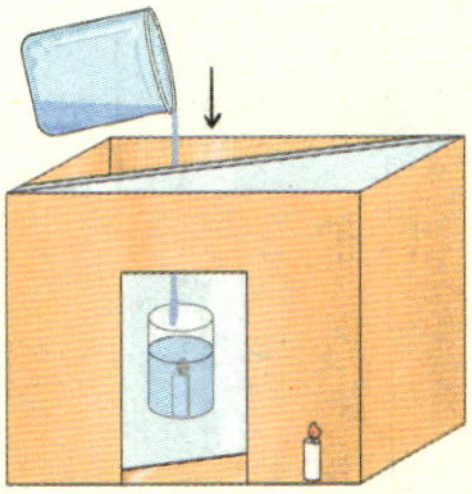

3

4. 玻璃不仅透光，还能反射一部分光。蜡烛发出的光，一部分透过了玻璃，另一部分被玻璃反射回来，这就让蜡烛看上去像在水中燃烧一样。

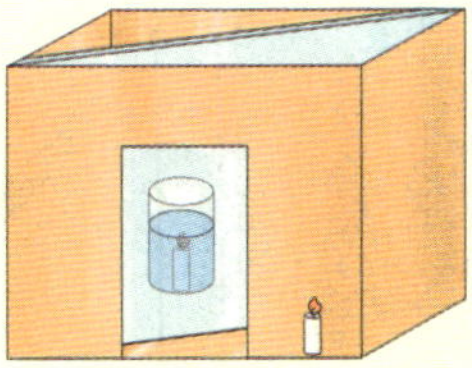

4

注意事项

未成年人在做火类实验时，一定要在专业人员或教师、家长的陪同下进行。魔术实验做完以后，要及时熄灭火苗，消除火灾隐患，还要防止烧伤或烫伤。

探秘科学知识

什么是光的反射

光的反射是指当光线遇到物体的表面时，会“弹回来”的现象。就像踢球一样，当你把球踢到墙上，球会弹回来。光线也类似，它碰到镜子或水面这些光滑的物体时，也会发生反弹。光线反弹的方向和光照进来的方向之间的关系是有规律的——入射光的角度和反射光的角度是一样的，这就是“入射角等于反射角”。我们之所以能看到物体，是因为这些物体能将光线反射到我们的眼睛里。

镜子可以把接收到的光线反射回来，这样人就可以在镜子中看到自己的样子。也就是说，平面镜成像就是光线反射的结

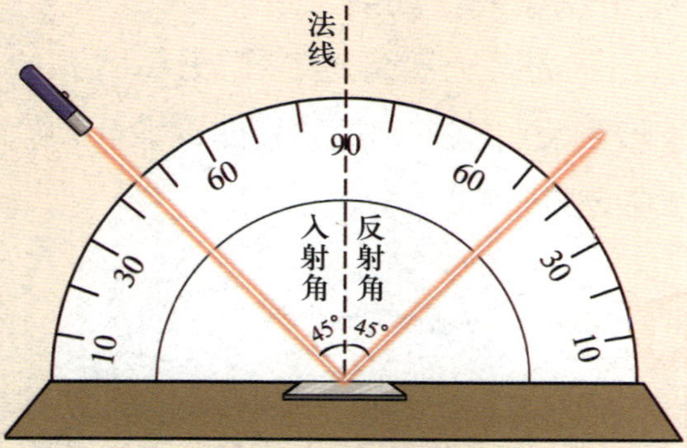

入射角等于反射角示意图

果。在早期，人们利用静止的水面作为光的反射面，当作镜子使用，这种“镜子”叫作“鉴”，字源是“监”。在西周金文里，“监”字的形状酷似一个人弯腰从盛有水的盘子里照看自己的倒影。这说明早在两三千年前，就盛行着利用水面反射成像的方法。后来，随着冶炼技术的进步，人们才渐渐以金属反射面（如铜镜）代替水镜，这才将“监”字的“皿”旁换成“金”旁，成了“鉴”。

光的反射有哪些性质？

①共面性：反射光线、入射光线和法线（垂直于反射面的直线）都在同一平面内。

②角相等：反射角等于入射角，即反射光线与法线的夹角等于入射光线与法线的夹角。

③光路可逆：如果光线沿着反射光线的方向入射，那么它将沿着原来的入射光线方向反射出去。

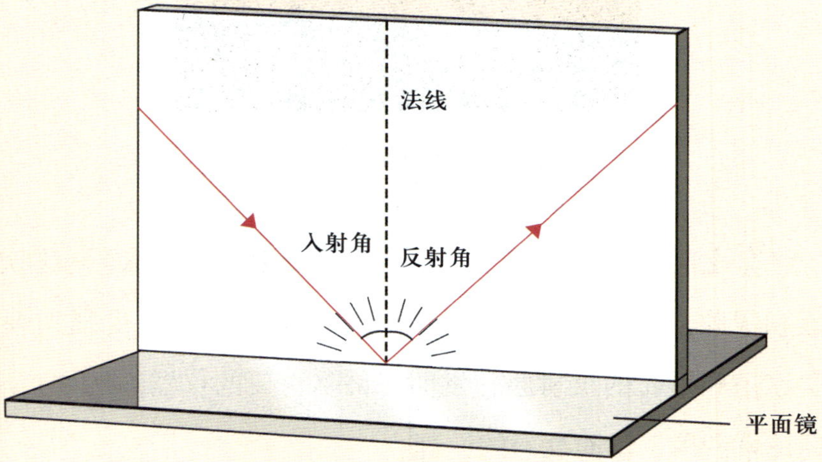

知识拓展应用

光的反射有哪些应用

光的反射在日常生活中有许多有趣的应用。例如，高速公路上的标志牌通常使用了一种特殊的材料——反光膜。这种材料能够将车灯发出的光线反射回驾驶员的眼中，即使在漆黑的夜晚，也能让驾驶员清楚地看到标志牌上的信息。这种反光原理叫作“逆向反射”，可以有效地保障人们夜间行车的安全。

反光标志牌

汽车上的后视镜，利用的也是光的反射原理。太阳镜则通过反射和吸收阳光中的部分光线，保护我们的眼睛不受强光刺激。科学家还利用光的反射原理发明了许多重要的仪器。例如，反射望远镜就利用了镜面反射的原理。

超风前沿科技

激光测距仪的奥秘

激光测距仪就像一把能“看”的尺子，利用光的反射原理工作。它会发出一束激光，这束光线到达目标物体后会被反射回来。测距仪记录下光线从发出到返回所经历的时间，然后利用这个时间差来计算距离。这样，我们就可以迅速得知两点之间的距离了！这个工具在建筑测量领域非常常见。

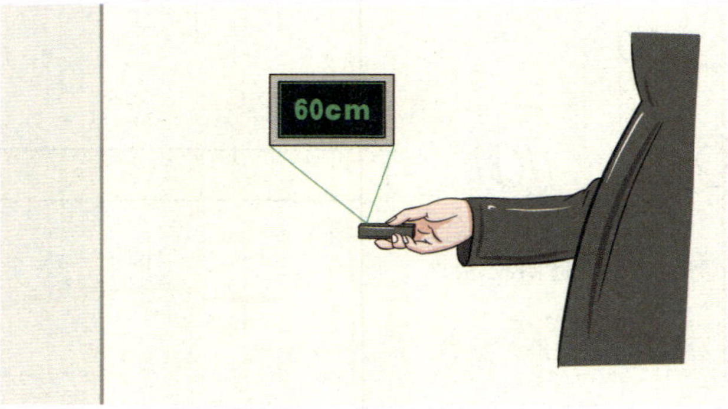

激光测距仪利用光的反射来精确测量距离

魔幻科技制作

变出蝴蝶的手机

透明塑料板

材料准备

手机，透明塑料板，签字笔，剪刀，透明胶带，尺子

签字笔

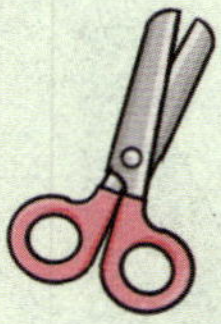
剪刀

透明胶带

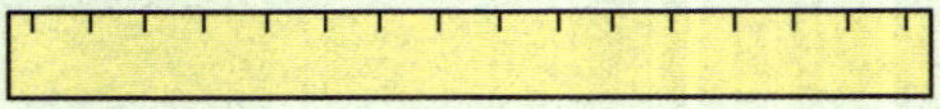
尺子

制作步骤

① 将一块透明的塑料板剪切成图示尺寸的四块梯形的板子。

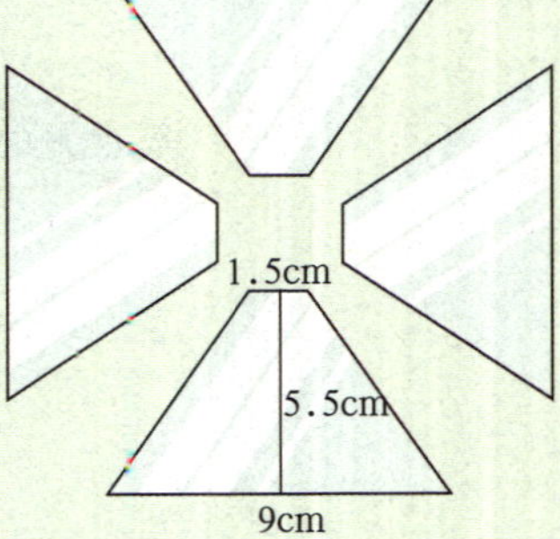

1

② 用胶带将四块梯形板粘贴在一起，做成倒金字塔形状的投影装置。

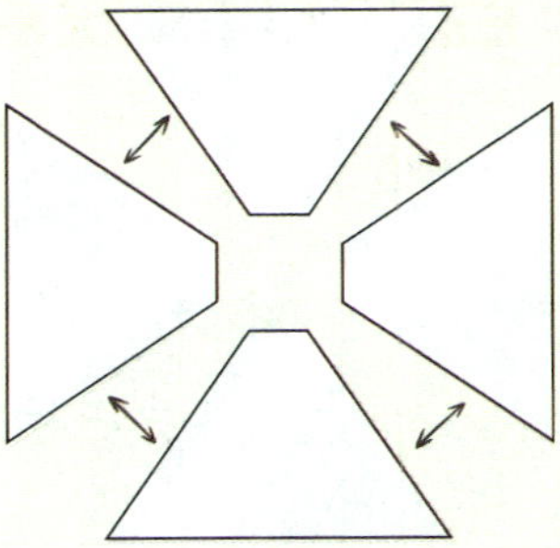

2

③ 把粘贴好的投影装置放在手机屏幕上，手机中播放有四个方向画面的视频（可以在网络上搜索“全息视频”，找到有四个画面的视频），然后手机中播放的画面会神奇地投影在透明的四块塑料板中央。

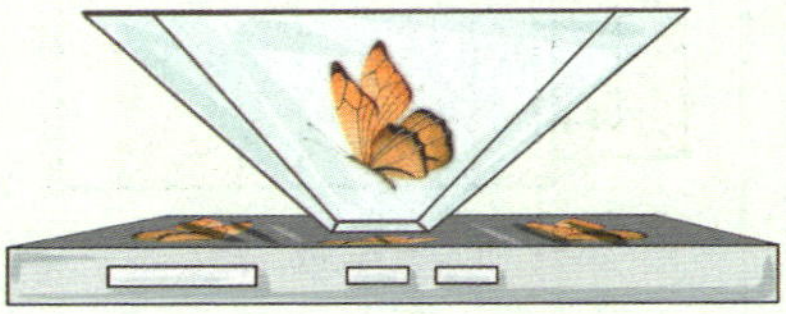

3

科学原理

这种现象是基于光的反射原理形成的。反射的光线聚焦在透明塑料板的中心区域时，形成了一个立体投影。这是因为光线从不同方向进入透明塑料板，并在中心区域汇聚，从而产生了一个看起来立体的影子效果。观察者会看到在透明塑料板中央形成的投影，给人一种立体感。

自制立体投影仪

材料准备

三块大纸板、刻刀、胶水、透明塑料板

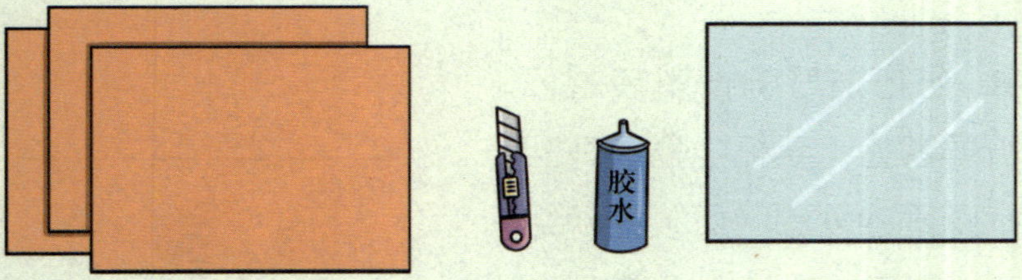

纸板　刻刀　胶水　透明塑料板

制作步骤

① 将长方形纸板从长边对折，剪成两块长方形纸板，宽度为10cm，长度为20cm。然后在每块纸板长边中间画一条水平线，再从对角线方向画一条线，形成一个三角形和一个梯形，用刻刀切下三角形。

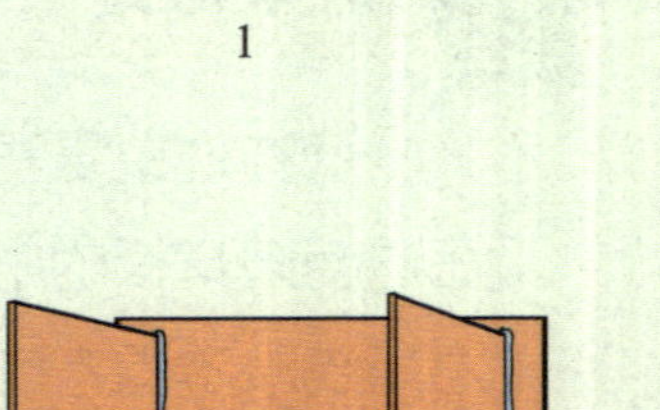

1

② 剪一块边长18cm的正方形纸板，在上面标出梯形纸板底边的轮廓。然后按照标线，将之前剪好的两块梯形纸板粘贴上去。

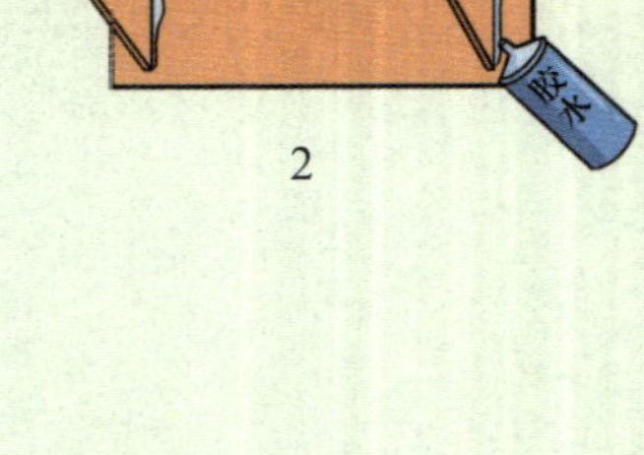

2

③ 在透明塑料板上画一个边长14cm的正方形，用剪刀剪下来，然后将这个透明塑料片粘贴到梯形纸板的斜边上。

④ 将最初剪下的三角形纸板重新与梯形纸板拼合并粘贴到塑料片上。

⑤ 取一块新的纸板，在中央挖一个手机屏幕大小的洞。

⑥ 将纸板四周封住做成纸盒，并用黑色贴纸把整个纸盒包裹好，以防透光，从而让显示效果更清晰。

⑦ 将纸盒粘贴到底座上，确保其位置正确。

⑧ 在手机中播放一段视频，将手机倒扣放入纸盒中进行观看。

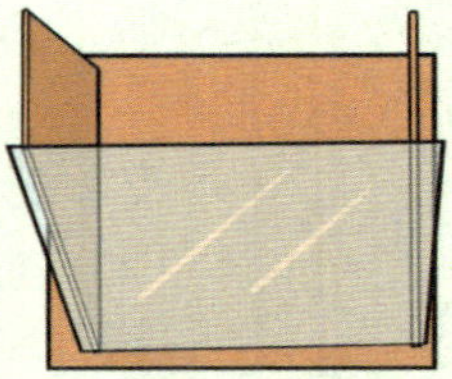

3

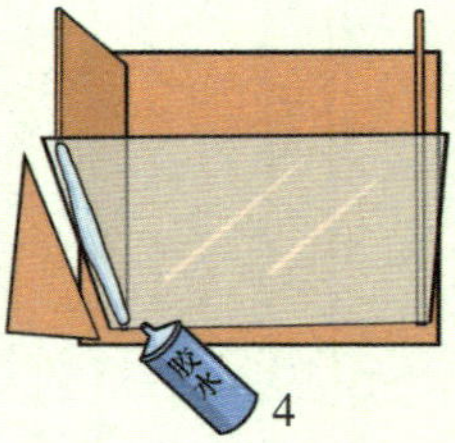

4

在纸板中央挖出一个手机屏幕大小的洞

5

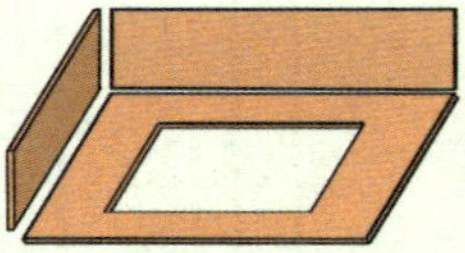

在其四周封上纸板

6

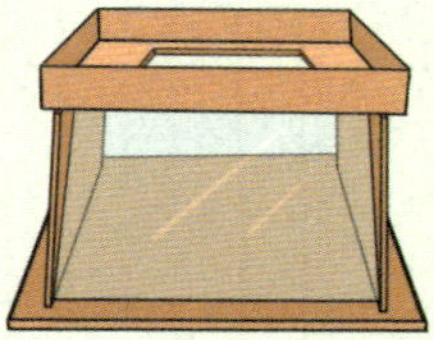

7

8

知识问答 在这个科技制作中，光的反射路径是怎样的？

第二章

利用反射遮挡表演科学魔术

当魔术师举起手中的道具时，每一个动作似乎都在讲述一个古老的秘密。他巧妙地运用反射和遮挡，使得物体的消失与出现都充满了魔幻的魅力。

在这片奇幻的光影世界中，魔术师不仅是一位展现奇迹的人，更是一位传递科学知识的使者。

让我们跟随魔术师的脚步，一同探索那些隐藏在光影背后的神秘，感受科学与魔法相互交织的奇妙时刻。

神奇科学魔术

空缸变金鱼

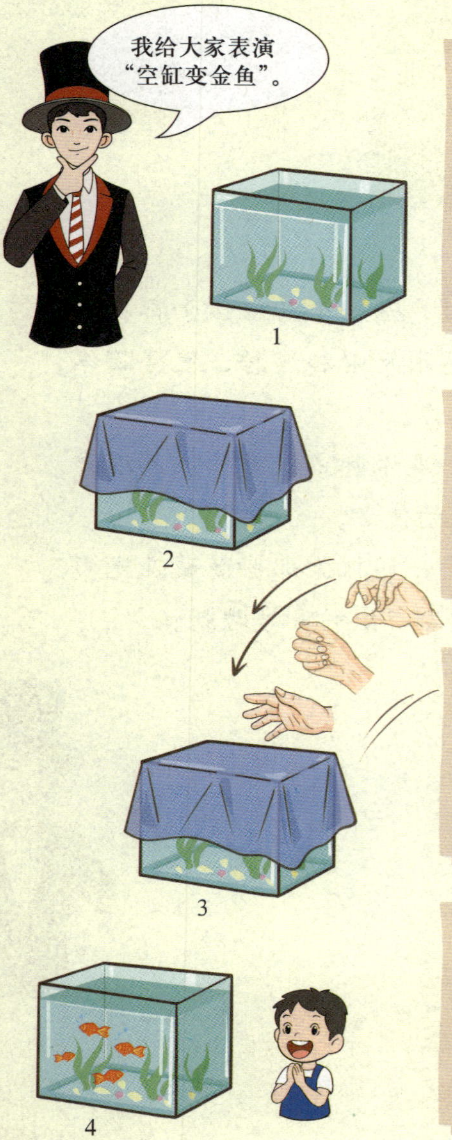

魔术表演

1 魔术师向观众展示一个水缸，水缸里面只有一些水和水草，并让观众确认里面没有任何其他物品。

2 魔术师轻轻将一块布盖在水缸上，随后微微一笑，仿佛在酝酿着什么神秘的事情。

3 接着，魔术师宣布：“现在，我将从空中抓一把金鱼，并把它们放进这个水缸里！”

4 随后，魔术师拿开水缸上的布，水缸里竟然真的出现了几条金鱼，它们正在水中欢快地游动。

科学原理

这是由于水缸中间放置了一块平面镜，观众从正面看水缸像是透明的，其实金鱼都藏在平面镜后面。当魔术师把布拿起来时，他趁机隔着布把平面镜拿了出来，于是金鱼就会被观众看到，就像凭空变出来的一样。

会变色的饮料

1

魔术表演

1 魔术师端来一杯清水，笑着告诉观众：“看好了，我要把这杯清水变成各种美味的饮料！”

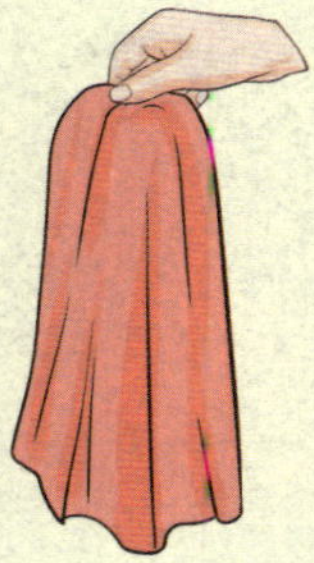

2

2 说完，魔术师用丝巾把杯子盖得严严实实。

3　4

3－4 突然，魔术师掀起丝巾。“哇！”场下一片惊叹。观众们瞪大眼睛，不敢相信眼前的景象：清水竟然变成了苹果汁！

5 – 6 魔术师再次拿起丝巾，将杯子盖住。几秒钟后，他揭开丝巾，神奇的事情再次发生了，杯中的液体变成了红酒！观众们惊得张大了嘴巴。

5　　6

7 – 8 还没等大家回过神来，魔术师又变出了橙汁！这一连串的神奇变化让人目不暇接，连连叫好。

7　　8

9 – 10 最后，魔术师再次用同样的方法，将杯子里的液体变回了清水。不仅如此，这杯清水还能喝呢！观众们纷纷为魔术师的神奇技艺鼓掌欢呼。

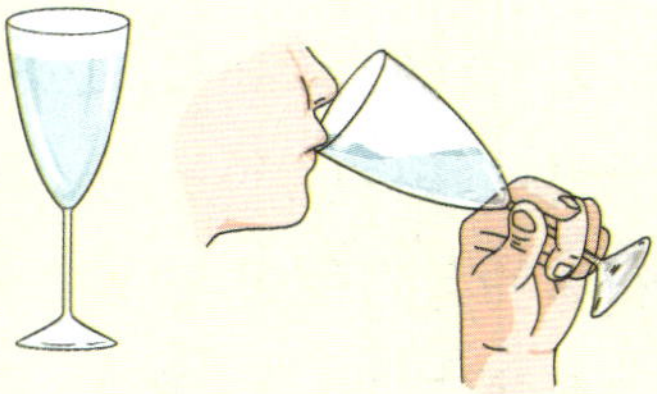

9　　10

科学原理

1. 杯子里放置了两块有颜色的镜片，其中一块镜片的正面是银白色，背面是红色。

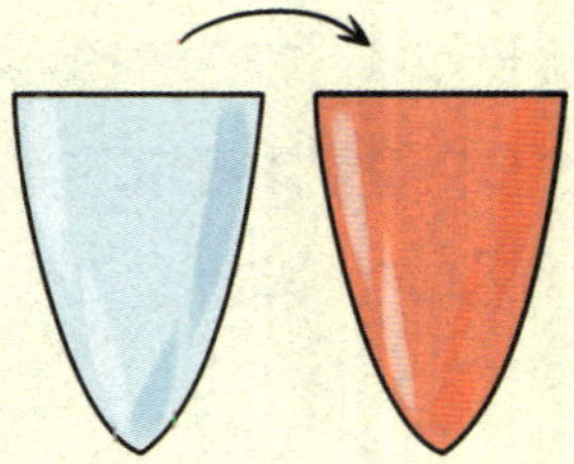

1

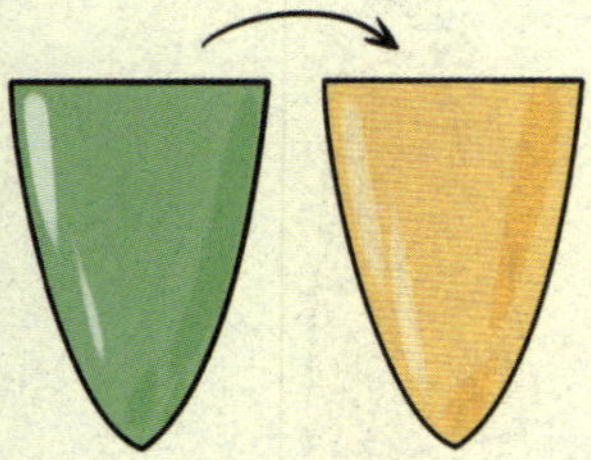

2

2. 另一块镜片的正面是绿色，背面是黄色。镜片的颜色决定了液体看上去的颜色。例如，黄色的镜片会让杯中的液体看起来像苹果汁，红色的镜片会让杯中的液体看起来像红酒，橙色的镜片则让杯中的液体看起来像橙汁。

3. 表演开始时，魔术师展示的是镜片银白色的一面，因此，杯中液体看起来就像纯净水一样。

4. 魔术师盖上丝巾后，悄悄将杯子旋转180°，使背面的黄色镜片朝前，让杯中液体看起来就像苹果汁一样。

3　　4

5. 随后魔术师又给杯子盖上丝巾后，悄悄把后面的镜片抽起来放在前面。

5

6 7

6. 这样，杯中水变成了红酒的颜色。

7. 旋转杯子，让杯中水再次从红色变成黄色。

8. 最后魔术师把所有的镜片都抽出，藏在丝巾里，然后喝掉杯中的水。

8

复原的断指

魔术表演

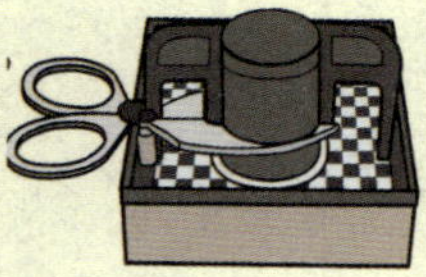

1

❶ 魔术师拿出一个神秘的道具，上面还有一把剪刀。观众们的眼睛都盯着这个奇怪的小装置，猜测接下来会发生什么。

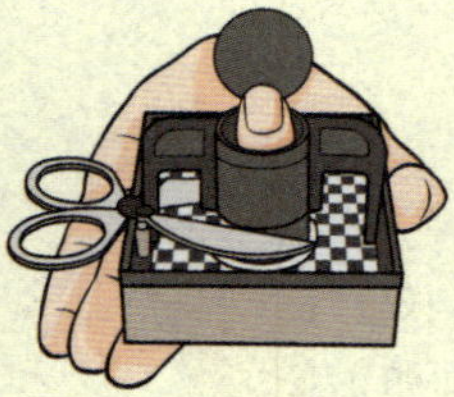

2

❷ 只见魔术师镇定自若地把自己的手指伸进这个道具里。

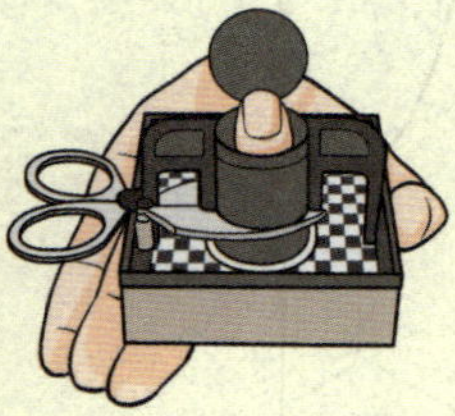

3

❸ 突然，魔术师闭合剪刀，直接剪在自己的手指上！令人震惊的是，手指真的被“剪”了下来！

4 魔术师把“剪下”的手指轻轻举起，向观众展示。观众这时都在思考：这到底是怎么做到的？手指看起来真的被剪断了。

4

5 最后，魔术师把“断指”放回道具的装置中，然后轻轻抽出手。观众们定睛一看，只见他的手指完好如初，没有任何伤痕！

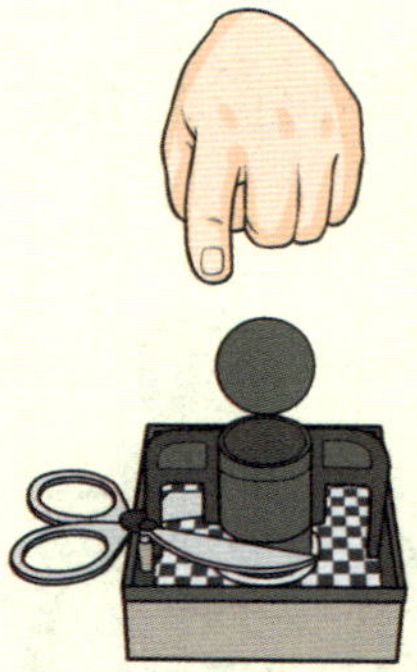

5

科学原理

装手指的圆筒里有一个隐蔽的夹层，手指是放在夹层后面的，而剪刀所剪的是夹层前面的那片区域。装置的下面还有一块玻璃，通过玻璃的反射作用，形成了一种视觉错觉，让观众觉得魔术师的手指好像被剪了下来。

正面图

侧面图

注意事项

这个魔术巧妙地利用了光学原理和精心的设计，创造出了令人惊叹的效果。同时，它也提醒我们要尊重科学和提高安全意识。在了解这个原理之后，读者尤其是小朋友们应该意识到，这些看似惊悚的魔术背后用到的都是科学原理，从而自觉提高安全意识。

科学笔记

探秘科学知识

日常生活中的反射干扰现象

在上一章中，我们介绍了光反射的基础知识。在这一章中，我们看到魔术师利用光的反射原理，干扰了观众的视线，从而做出很多神奇的魔术表演。

在现实生活中，光的反射现象有时也会阻挡或者干扰我们的视线，对我们的生活产生影响。

汽车挡风玻璃：当司机坐在车内时，如果阳光直射到挡风玻璃上，反射的光线会让司机感到刺眼，导致其看不清前方的路。

这时候司机可能会戴上太阳镜，或者用遮阳板来挡住阳光，以确保行车安全。

手机屏幕：在阳光下使用手机时，屏幕上的光反射会让你看不清楚屏幕上的内容。为了解决这个问题，你可能需要找个遮阳的地方，或者调高屏幕的亮度。

水面反光：在阳光照射下，湖泊、河流或游泳池的水面会反射出强烈的光线，让你看不清水里的东西。戴上太阳镜可以有效减少这种反光的影响。

玻璃窗反光：在教室或家中，阳光透过玻璃窗射进来，会在桌子或地板上形成耀眼的光斑，影响你的视线。你可以拉上窗帘或百叶窗来减少这种反光，创造一个更加舒适的视觉环境。

超凡前沿科技

抗反射玻璃技术探秘

目前已经有一些先进的玻璃技术能够显著减少反射，从而提高透光率和视觉效果。这些技术主要通过特殊的涂层或表面处理来实现抗反射效果。以下是三种最新的抗反射玻璃技术。

减反射玻璃（AR 玻璃）：在玻璃表面镀上一层或多层特殊薄膜，利用薄膜的干涉效应来减少反射光，增加透射光。这种玻璃的可见光透过率非常高，反射率可以降低到 1% 以下。这种玻璃被广泛应用于光学仪器、显示设备和高端建筑装饰等领域。

防眩玻璃（AG 玻璃）：通过在玻璃表面进行特殊处理，形成微结构或涂层，从而减少反射光并增加透光率。这种玻璃不仅能够减少眩光，还能提高图像的清晰度和色彩饱和度。

双层抗反射玻璃：通过在玻璃的两面镀上抗反射膜，进一步降低反射率，提高透光率。这种玻璃在建筑和高端显示设备中应用广泛，能够显著提升视觉效果和能源效率。

这些抗反射玻璃技术的应用，不仅改善了视觉体验，还提高了设备的性能和耐用性。随着技术的不断进步，未来可能会出现更多高性能的抗反射玻璃产品。

科学笔记

魔幻科学实验

能变糖果的魔术杯

材料准备

透明杯子、镜子、手帕、糖果若干

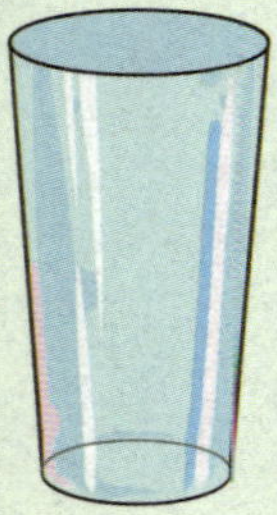

透明杯子

镜子

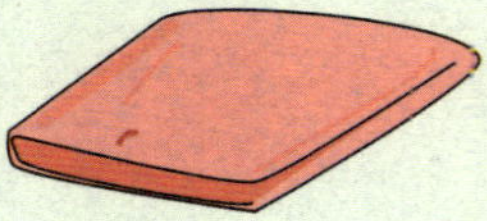

手帕

糖果若干

实验步骤

① 实验开始时，把没有糖果的一面展示在观众面前，观众可以看到杯子内部完全是空的。

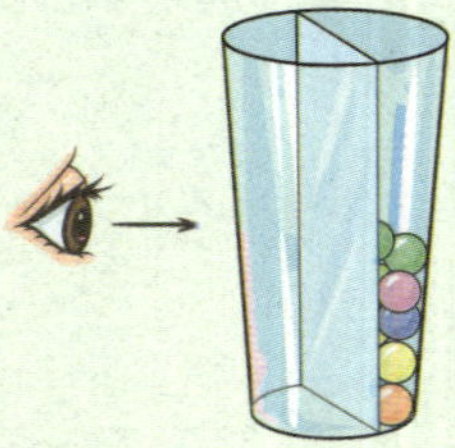

1

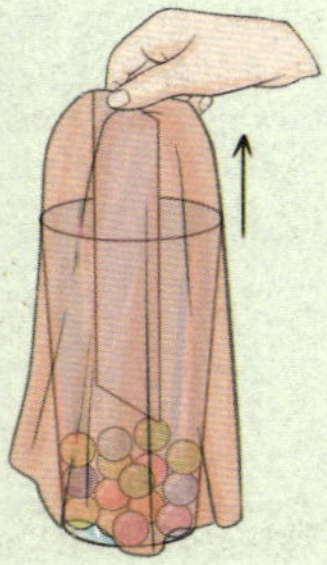

2

② 然后用手帕将杯子完全盖住。

③ 抽去手帕，观众会发现杯子内突然变出糖果，效果非常神奇。

3

科学原理

1 这个魔术利用了光的反射原理。实际上，杯子中间夹有一块镜子，镜子的后面藏有糖果。由于镜子的反射作用，观众看到的是杯子内部的反射图像，而不是杯子内部的真实情况。

2 魔术师在拿掉手帕的同时，将镜子取出，这样杯子中就会出现之前隐藏的糖果。

第三章

多次反射的魔术

光的每一次反射都像一次奇幻的舞步，光线的轨迹被重新书写。当两面镜子彼此对峙，光线深陷其中，那交替往返的轨迹仿佛一首绵延不绝的诗篇。

一场由光的反射编织的视觉奇观揭开帷幕，每一束光线都在不停变奏，超出逻辑，突破想象。让我们沉醉其中，感受这无尽的流光幻影，欣赏那远在现实之外的瑰丽画卷。

神奇科学魔术

摸不到的 3D 小青蛙

1

魔术表演

1 魔术师拿出一个罐子，向观众介绍："这是我的'宠物蛙'，请大家过来看看。"观众从侧面观看，可以看到青蛙似乎就在盖子中间的开口处。

2

2 当观众伸出手去摸时，他们会发现明明青蛙就在盖子口，却用手怎么摸也摸不到。

科学原理

1 实际上，小青蛙并不在罐子口，而是魔术师将一个小青蛙模型放在了罐子内部。

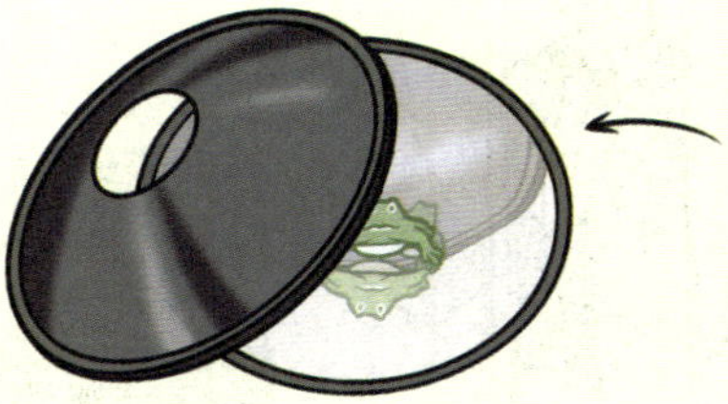

1

2 这个罐子是一个特殊设计的容器，其底部有一个凹面镜，凹面镜可以将焦点处的物体成像并投射到罐子的开口处，从特定的角度看上去，物体就像悬浮在空中一样。由于这个成像是虚像，并不是实际存在于所看到的位置，因此，当观众尝试去触摸它时，他们会发现什么也摸不到。

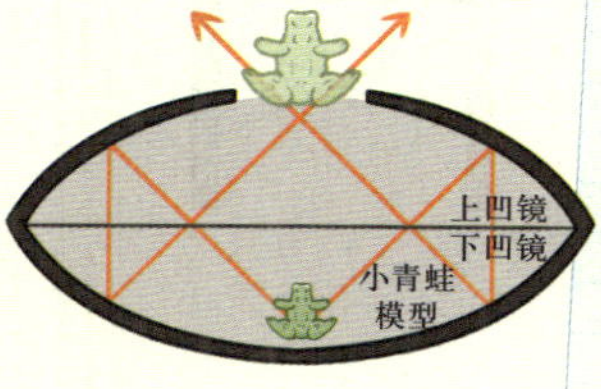

2

断臂还原奇迹

1

魔术表演

1 魔术师向观众展示了一个看似普通的箱子。

2 魔术师将自己的手臂慢慢伸进箱子里。

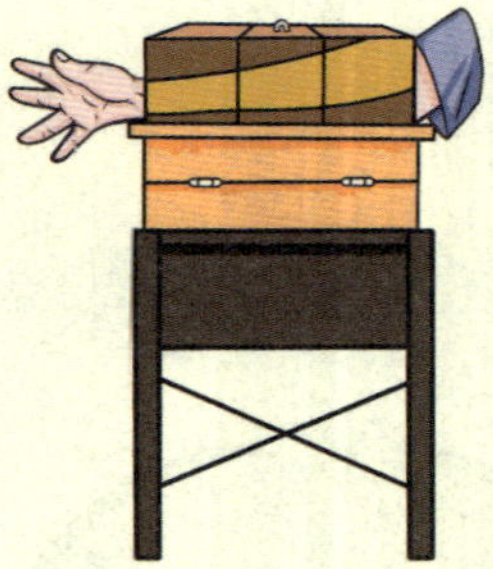
2

3

3 接着，魔术师拿出两块闪闪发亮的钢板，用力地将它们插进箱子里，正好卡在魔术师的手肘两侧！现在，魔术师的手臂看起来就像被切成了三段！

4 神奇的是，魔术师轻松地把中间那段手臂拿了出来，像是在玩积木一样，举在观众面前轻轻晃动。

4

5

5 观众以为魔术师的手藏在箱子下面的木桌里，结果魔术师打开木桌前面的挡板，桌子里空空如也，什么都没有。

6 最后，魔术师把“切下来”的那段箱子放回去，把钢板移开，轻轻地把手臂从箱子里抽出来，展示给观众们看——手臂完好无损！

6

科学原理

1. 这个魔术的秘密是箱子中藏有一个如图所示的暗格。

1

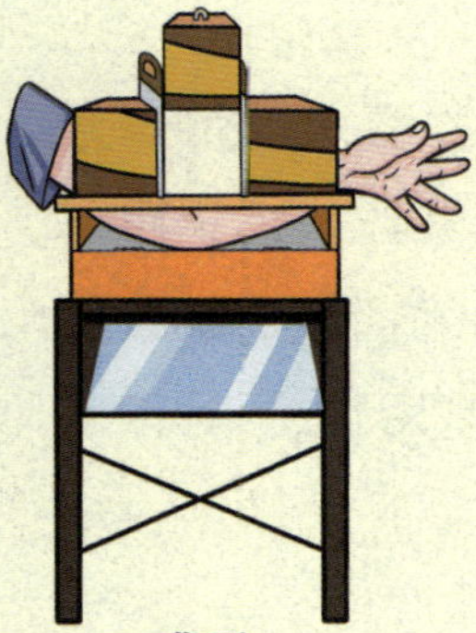

2

2. 暗格两侧和下方有平面镜，当手臂放入时，两侧的平面镜将胳膊挡住。

3–4. 经过平面镜的反射作用后，放置手臂的暗格位置看起来像是空的。

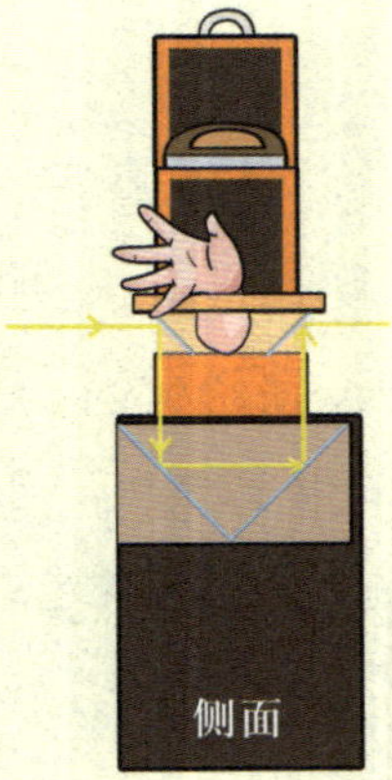

3

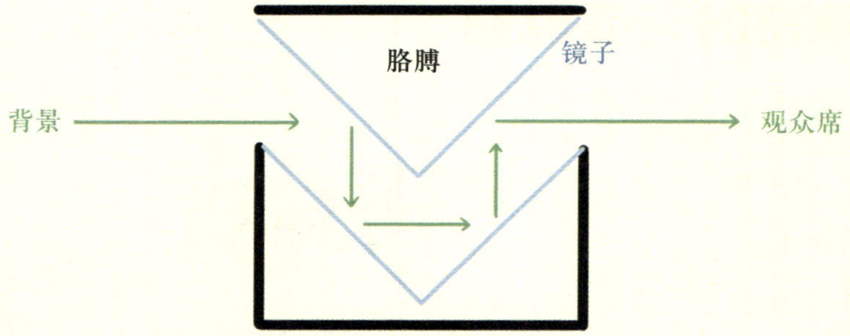

光线反射路径图

科学笔记

神奇的无尽隧道

1

魔术表演

1 魔术师向观众展示一个看似普通的镜盒，说：“接下来，我要在这个小盒子里创造出一条无尽隧道。”

2

2 随后，魔术师关上房间内的灯，在黑暗中，大家会看到刚刚的盒子中竟然出现了一条看起来没有尽头的隧道。

3

3 如果观众从正面垂直方向观察，盒子内的效果将更为神奇和酷炫。

科学原理

1 无尽隧道的奥秘在于盒子的结构设计。盒子前面是单面镜，是一种带有特殊涂层的玻璃，它可以让光线从一侧穿透，而另一侧只能反射光线。盒子后面是普通的平面镜。在盒子的中间部分，有一圈 LED 灯带。

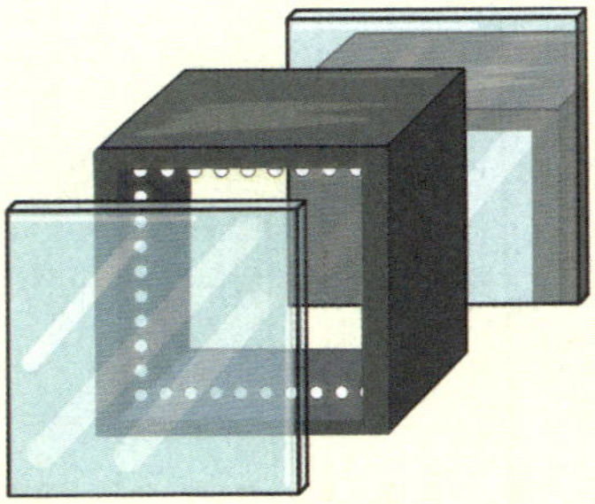

结构原理
1

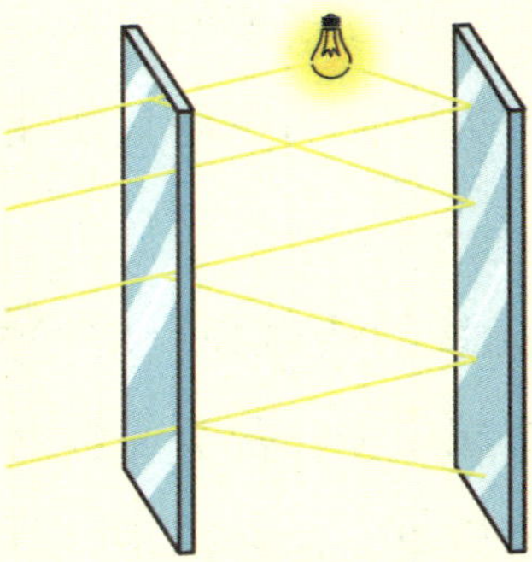

光线路径
2

2 这个装置的工作原理是镜面对光的反射。如左图所示，在黑暗的环境中，镜面对 LED 灯带发出的光线进行多次反射，增加了光路运动的距离，看起来就像一条没有尽头的隧道一样。

探秘科学知识

在上一章中，我们了解了反射的基础知识。这一章利用了多次反射的原理，让魔术表演看起来更加神奇。那么，这一章中又有哪些新的知识点呢？

什么是单面镜

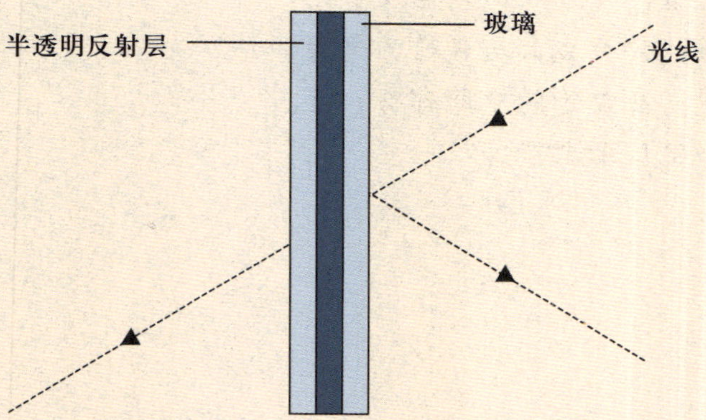

单面镜，也叫单向透视玻璃、半透镜、两面镜或间谍镜，是一种特殊的玻璃。它的一侧能让光线透过去，而另一侧只能反射光线。

单面镜是怎么工作的呢？它利用了光线的透射和反射特性。镜子的一侧有一层薄薄的金属膜，这层金属膜能让部分光线穿过去，又能让部分光线反射。要想达到好的效果，需要满足以下条件：观察室要暗，因为如果观察室太亮，光线反射回来，里面的人就能看到自己的镜像，影响观察。而被观察室要亮，因为亮的时候，大部分光线会被反射回来，使得里面的人只能看到自己的镜像，而不会注意到观察室里的人。

单面镜一般用在以下场所。

安全监控：在公安局、看守所等需要监控的场所，单面镜被用来隐藏监控人员的位置，以保证被监控者无法察觉监控者的存在，从而确保监控过程的隐蔽性和有效性。

审讯室：在审讯室中使用单面镜，可以确保审讯过程的公正性和保密性，同时保护观看审讯者的隐私，也可以避免被审讯者因意识到被监控而产生额外的心理压力。

心理实验：单面镜也被心理学家用于无干扰实验中，通过观察和记录被观测者的真实情况，进行心理研究。

无尽隧道真的是无尽的吗

有读者可能会好奇，无尽隧道看起来好像深不见底，那它真的是无尽的吗？其实在无尽隧道的实验中，镜子里的图像越往深处就越暗，最后会变得一片漆黑。这是因为每次光线在两面镜子之间反射时，都会有一定量的光能量被吸收。就像你玩乒乓球时，球每次弹跳都会失去一些能量，直到最后停下来。

还有一个原因是我们无法安装出完全平行的两面镜子。即使它们看起来很平行，但其实总有一些微小的误差。这些误差会让光线逐渐偏离原有的路径，最终“逃出”镜子之间的反射空间。

所以无尽隧道，理论上是可以做到“无尽”的效果，但是现实场景中由于各种误差，并不能做到“无尽”。

科学传奇故事

光学魔术在战争中的巧妙应用

贾斯珀·马斯克林是英国的一位魔术师，他出生于 1902 年，他的祖父和父亲都是非常有名的魔术师，马斯克林家族的魔术表演闻名世界。贾斯珀继承了家族的魔术天赋，不仅在舞台上表演出色，还在“二战”期间利用他的魔术和光学技术帮助英国军队对抗敌人。

在“二战”期间，贾斯珀应征加入了英国陆军，并被派往北非战场。他利用自己精湛的魔术技巧和创造力，设计了一系列巧妙的伪装和欺骗战术，成功地迷惑了敌人，保障了英国军队的安全。

下面是几个关于他的著名故事，展示了他是如何用魔术和光学技术帮助英国军队的。

隐形港口：贾斯珀在埃及的亚历山大港使用镜子，把港口的灯光反射到海面上。敌人的轰炸机被误导，以为海面上的光点是真正的港口，于是把炸弹投到了海里，而真正的港口毫发无损。他利用镜子的反射原理，制造出虚假目标，让敌人误判了袭击位置。

沙漠迷彩：在北非战场上，贾斯珀设计了一系列特殊的迷彩图案和遮盖物，使军队的基地和装备与沙漠环境融为一体。这样，敌人的飞机从空中侦察时，就很难发现这些隐藏的地点。

贾斯珀·马斯克林的故事生动地展现了魔术和光学技术在战争中的神奇应用。他用自己的科学魔术，加上自己的智慧和创造力，为英国军队在艰难的战争中赢得了优势。

科学笔记

第四章

漫反射和散射魔术

漫反射是指光线被粗糙表面无规则地向各个方向反射的现象。人眼之所以能看清物体的全貌，主要是靠漫反射在眼内的成像。而散射则将光的秘密藏匿在每一个微小的粒子中。魔术师通过这两者的神奇结合，创造出炫目的视觉效果，将科学的深邃与魔术的神秘完美融合。

准备好了吗？让我们一起揭开现实的帷幕，探索漫反射和散射魔术的秘密，感受这一切如何在我们眼前变得活灵活现。

神奇科学魔术

水晶球变玩偶

1

魔术表演

1 魔术师在杯子中放入一些透明的水晶球，并对观众说：“我要加一些魔法药水，将这些水晶球变成玩偶。”

2

2 魔术师从口袋里掏出一瓶“魔法药水”，轻轻地将其中的液体倒入杯中。只见杯子里的水晶球慢慢地隐去，同时逐渐显现出一个小玩偶的轮廓。

3

3 最后，一个完整的小玩偶竟然清晰地呈现在大家面前！

科学原理

这个魔术的奥秘是基于折射率和散射原理。

1 杯子中的“水晶球”其实是透明泡大球。未加水时，透明泡大球的特性：在空气中，由于透明泡大球表面的弯曲和折射性质，会使光线发生多次折射和反射，导致光线散射。这种散射效应可以有效地遮挡和隐藏玩偶，使得玩偶在一堆透明泡大球中难以被看到。

2 加水后，折射率匹配：当加入水后，水的折射率与透明泡大球的折射率非常接近，使得光线在水和透明泡大球之间传播时不会发生显著的折射或反射。这种匹配使得透明泡大球在水中几乎变得不可见。由于泡大球变得几乎不可见，隐藏在其中的玩偶便显现出来。光线现在可以直接穿过透明泡大球，使得玩偶清晰可见。

让光线弯曲的手

1

魔术表演

1 魔术师向观众宣布："接下来，我要展示光线的特性。"随后，他让观众用激光灯照射水缸，结果是水缸中的光线根本看不清楚。

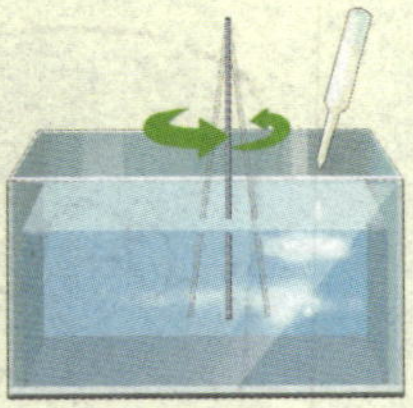
2

2 魔术师说："只要我在水中加几滴牛奶，就可以变出可以弯折的光线。"说完他便往水缸里滴了几滴牛奶，并搅拌均匀。

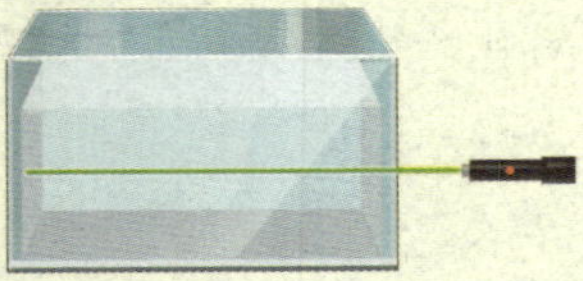
3

3 魔术师再次使用激光灯去照射，大家发现此时能够很清楚地看到一条直线光束穿过水缸。魔术师解释说这是光沿直线传播的特性。

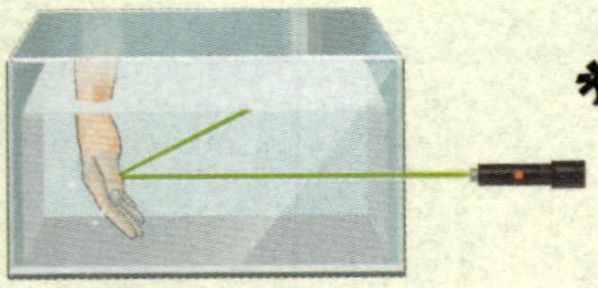
4

4 魔术师接着说："现在，我要让这束光线弯曲。"只见魔术师将手伸进水缸中挡住光线，光线竟然真的被折弯了。

科学原理

这个魔术开头利用的是丁达尔效应：当一束光线透过胶体（胶体颗粒的直径在 1 ~ 100 纳米之间）时，从垂直于入射光方向可以观察到胶体中出现了一条光亮的“通路”。牛奶被混入水中所形成的溶液实际上就是一种胶体。通过制作这种胶体，可以观察到丁达尔效应，在研究光的折射和反射时，就能很轻易地看到溶液中的光线，也方便我们观察和学习。除了滴入牛奶外，我们还可以选择滴入豆浆等其他能形成胶体的物质。

光线本身是沿直线传播的。在这个魔术中，光线之所以看起来发生了弯折，是因为魔术师的手掌中藏有一小块玻璃。当光线照到这块玻璃上时，就会发生反射。

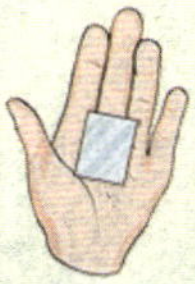
1

2

探秘科学知识

什么是丁达尔效应

在阳光明媚的日子里，阳光透过窗户照射进房间里，如果房间里有一些尘埃在空中飘浮，你会看到阳光形成了一条条明显的光线，这就是丁达尔效应。这种现象发生的原因是，光线遇到了空气中的微小颗粒（比如灰尘或水滴），这些颗粒导致光线散射，使得光的路径变得清晰可见。

海面上的丁达尔效应

一个简单的例子是，当你用手电筒在雾天或烟雾中照射时，你会看到光束的路径。同样，当阳光穿过森林或瀑布时，也会产生这种效果。丁达尔效应使我们能够看到光的路径，而通常光的路径是不可见的。

丁达尔效应在物质检测、环境监测和工业应用中具有重要作用，它提供了一种有效的方法来识别胶体溶液中的悬浮颗粒。通过观察光束在溶液中的散射情况，可以判断液体的纯度或检查其中的微小颗粒，这在化学实验和工业生产中非常重要。

首先，在环境监测方面，丁达尔效应起到了关键作用。它可以帮助检测空气中的悬浮颗粒物，如灰尘或烟雾，从而评估空气质量，了解污染情况，并采取相应措施来改善环境。

其次，在工业应用中，丁达尔效应被广泛应用于制药和食品工业，以确保产品的质量。在制药过程中，它可以用来检测药物溶液中的不溶性颗粒，确保药物的纯度和安全性；在食品工业中，它可以用于检测饮料中的悬浮物质，确保食品的质量和安全。通过这些应用，丁达尔效应有助于提升生产效率及产品的品质。

散射和漫反射

散射和漫反射，这两者就像一对性格迥异的孪生兄弟，外表相似，内在却大不相同。散射现象，是指光线在遇到小微粒时，就像碰到了顽皮的孩子，四处乱窜，使得光线到处乱射，四面八方都是它的身影。

而漫反射呢，可以算作散射的一种特殊形式，它主要发生在粗糙的表面上。由于粗糙表面放大之后，会有很多倾角和尺寸都不固定的面，所以反射光是各个方向都有，像是一个人在粗糙的地面上走路，光线从这个人身上反射出去，以各种不同的角度飞出去，但不管怎么反射，我们总能看到光线的踪迹，只不过方向不同罢了。

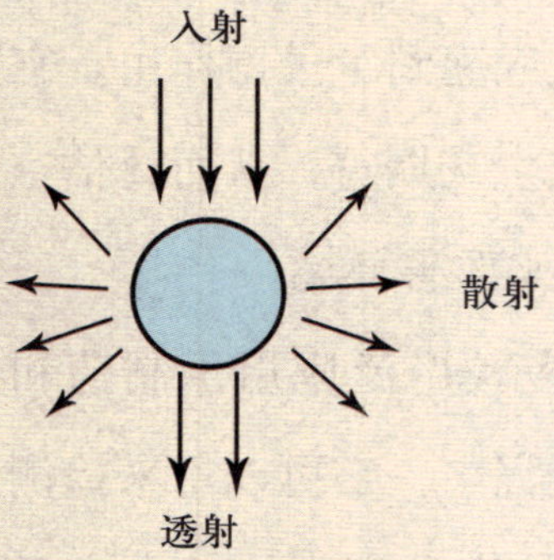

① 散射

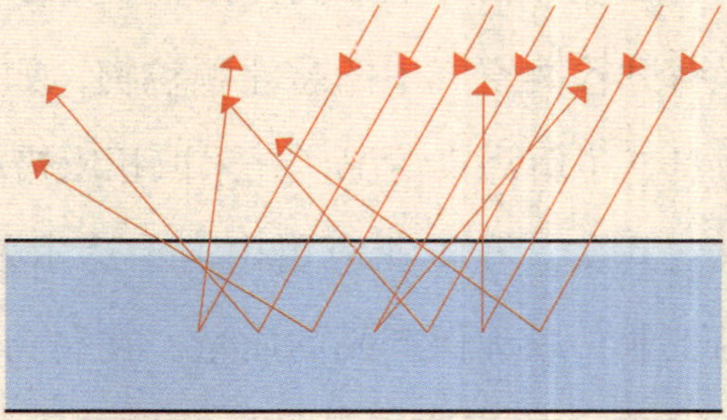
② 漫反射

散射和漫反射的光线传播路径示意图

科学笔记

知识拓展应用

光的散射和漫反射在我们的生活中有着广泛的应用。例如，在摄影和照明设计中，通过使用反射板和漫反射器材，可以有效地控制光线的反射路径，进而调整照射物体的亮度和阴影分布，营造出柔和的光影效果。

天空为何是蓝色的，草为何是绿色的

当光线遇到物体，有时会发生神奇的散射和漫反射现象。散射就是光线碰到微小颗粒或不规则表面时，会像跳舞一样四面八方地散开，让物体周围空间充满光。蓝光最容易被散射，所以我们看到的天空是蓝色的。而在日出日落时，太阳光需要穿过更厚的大气层，蓝光在这个过程中被散射得差不多了，剩下的红光则显得更为突出，于是天空就会呈现红色。

漫反射是当光线照射到物体表面后，会向不同方向反射。跟散射不同的是，漫反射不会改变光的颜色，只会让光线在多个方向上分散。这样，即使光源在一个地方，我们也能从不同角度看到物体表面的反射光。例如，阳光照在草地上，草叶表面会发生漫反射，让我们能从各个角度看到草的绿色。这是因为草叶吸收了其他波长的光，只将绿色光反射到我们的眼睛中。

雪为什么是白色的，冰为什么是透明的

这两个问题背后蕴含着非常有趣的科学原理。雪其实是由无数微小的冰晶构成，而冰晶是透明的。那为什么这些透明的冰晶会让雪看起来是白色的呢？

当阳光照射到雪地上时，光线会穿透这些微小的冰晶。由于冰晶的表面凹凸不平，光线在进入冰晶后会发生多次反射和散射。这就像光线在一个“迷宫”里乱转，最终从雪的表面反射出来。

阳光其实是由所有颜色的光混合在一起的，也就是我们通常所说的白光。当这些不同颜色的光在雪的冰晶中经过无数次反射

雪花散射光线示意图

和散射后，它们会再次混合在一起，并从雪的表面反射到我们的眼睛中。因为所有颜色的光都被反射回来，所以我们看到的雪呈现出白色。

冰块虽然也是由水凝固成的，但通常看起来却是透明或蓝色的。这是因为冰块内部的分子结构排列较为紧密，光线通过时不会像在雪中那样被大量反射和散射，所以我们看到的就会是透明或蓝色的。

泡大珠的奥秘

“水晶球变玩偶”魔术中用到的泡大珠（即水晶泥珠或水珠球），主要成分是高亲水性树脂，也被称为高吸水性树脂或亲水性树脂。这是一种高分子亲水材料，通常由聚丙烯酸酯或聚乙烯醇等化学物质制成。泡大珠在吸水后会迅速膨胀，能够吸收相当于自身重量 50 ～ 100 倍的水分，甚至更多。

泡大珠在日常生活中有什么用途呢?

园艺保湿：泡大珠能够吸收大量的水分并缓慢释放，在园艺工作中，将泡大珠混入土壤中，可以帮助土壤保持水分，改善土壤的排水性和通气性。保持植物根部的湿润状态，从而减少浇水频率。这一特性使其尤其适用于室内植物和盆栽的养护。

空气加湿：将泡大珠放置在室内，它通过缓慢的蒸发过程可以增加空气的湿度，适合在干燥的环境中使用。

香薰扩散：泡大珠可以吸收香薰精油，并在缓慢释放水分的过程中散发香气，起到空气清新和香薰扩散的作用。

注意事项

市面上购买的泡大珠类产品部分添加了工业色素，具有一定的毒性，千万不要误食。未成年人请在家长的指导下进行实验。如需无毒无害环保的实验原材料，请联系相关专业人士购买。

丁达尔效应的发现过程

丁达尔是一位登山爱好者，在一次攀登阿尔卑斯山的过程中，他被天空变幻的色彩所吸引，开始思考为什么天空是蓝色的。

为了探索这一现象，丁达尔设计了一个实验：他使用一个玻璃管，里面充满烟雾，模拟天空中的尘埃和水蒸气。然后，他用一束光照射玻璃管，观察光的传播路径。他发现，光线在通过烟雾时，会散射出蓝色的光。丁达尔认为，天空的蓝色是由于空气中的尘埃和水蒸气颗粒散射阳光中的蓝光。

丁达尔

然而，丁达尔的结论并不完全正确。后来的研究表明，天空的蓝色主要是由于大气中的分子对短波长光（如蓝光）的散射作用，而不是丁达尔所认为的尘埃和水蒸气颗粒散射。尽管如此，丁达尔的实验却意外地发现了光在通过悬浮颗粒时的散射现象，即丁达尔效应。这一发现为后来的光学研究提供了重要的启示。

魔幻科学实验

让镜子变清晰

1

实验步骤

① 找一块旧镜子，因为旧镜子上的污渍能更明显地展示实验效果。先用清水冲洗镜子，使其表面恢复一定的清晰度，然后在洗澡时注意观察，镜子在遇到水蒸气时会立刻起雾，且镜子上的雾气好像很难擦去。

② 此时可以在镜子上抹一层薄薄的肥皂膜。

2

3

③ 再次用清水冲洗镜子，并用干净的毛巾将其擦干。洗澡时再次观察镜子的状态，此时镜子就不容易起雾了。

科学原理

当我们在镜子上擦拭肥皂时，肥皂不仅清除了镜子表面的污渍，还在镜子上形成了一层薄薄的亲水性膜。这层膜使得水蒸气在镜子表面不会凝结成独立的小水滴，而是扩散成一层均匀的水膜，从而减少了光的漫反射，使镜子保持清晰。

知识问答 以上实验的原理还可以用在哪些方面？

通过这个简单的实验，可以有效防止镜子在潮湿环境中起雾，使其保持清晰。这个简单的实验原理可广泛应用在生活中，如汽车后视镜、防雾眼镜等产品上。

第五章

利用折射原理的科学魔术

折射不仅是光的旅程中的一次简单的改道，它还是自然界中的一种表达方式，告诉我们关于光束如何随着环境的变化而变化的故事。你会发现水面是如何变成了一扇视界的窗户，如何让我们的所见与平常截然不同。

在下面几个章节中，我们将探索光线旅程中的一个惊奇转折——当光遇到不同介质的界面时，它的路径是如何发生折射的。正是折射现象赋予了钻石耀眼的光芒，让天空显得更为深邃，让海底世界变得更为梦幻。

神奇科学魔术

消失的邮票

1

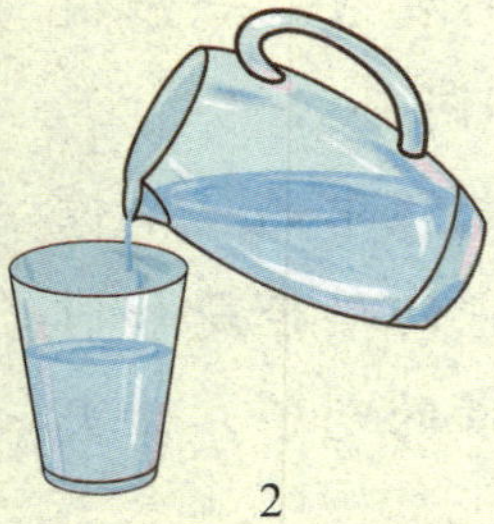

2

3

4

魔术表演

1 魔术师把一枚邮票放在杯底，并向观众宣布："接下来，我要让邮票消失。"

2 随着她将"消失液"倒入杯中，观众们目不转睛，眼睁睁地看着邮票竟然真的不见了，仿佛它被魔法吞噬了！

3 这时，魔术师迅速在杯子上方盖了一个碟子。

4 此时，观众无论从什么角度看，都看不到邮票了。大家纷纷惊呼："哇！邮票去哪儿了？"

科学原理

首先，魔术师把邮票放在杯底，所谓的“消失液”其实就是普通的纯净水。当魔术师将水倒入杯子中，水的折射作用使邮票变得不易被观察到。接着，魔术师迅速在杯子上方盖一个碟子，这样，从观众的角度看，无论是通过杯子还是通过水的折射，邮票都被遮挡在碟子下方，似乎彻底消失了。实际情况是邮票仍在杯子中，只是通过光的折射原理，被巧妙地隐藏了。

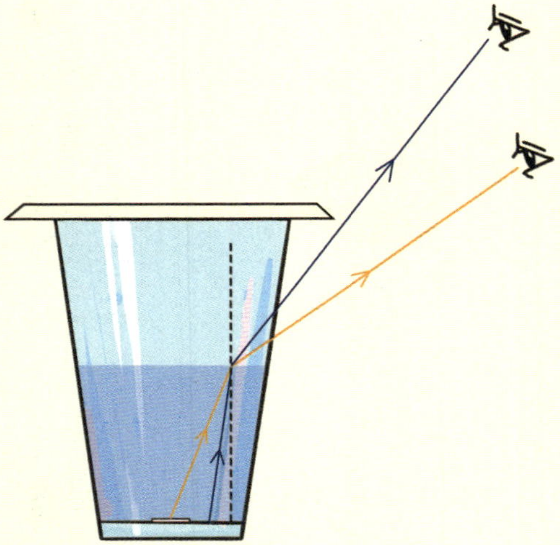

水中邮票的光线传播路径图

消失的硬币

1

魔术表演

1 魔术师在一个有水的盆中放入一枚硬币，观众们的目光都跟着硬币转。

2

2 接着，魔术师拿起一个透明的杯子，小心翼翼地将其盖在硬币上，水面波光粼粼，硬币在水中的轮廓清晰可见。

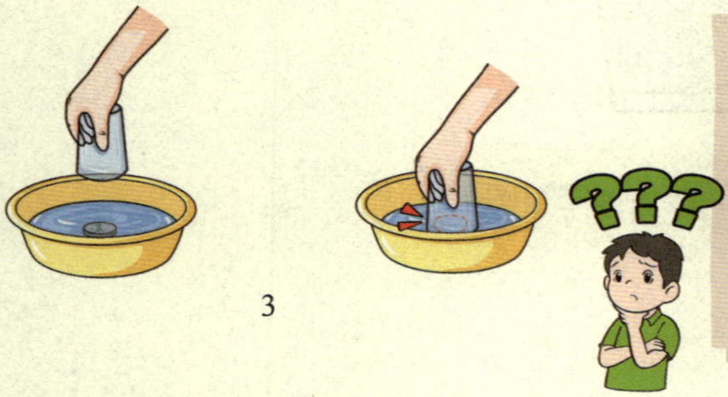
3

3 当魔术师轻轻拿起杯子再放下时，硬币竟然神奇地消失了，水中只留下了一圈涟漪。

科学原理

1 这是因为魔术师在移动杯子的时候，巧妙地把原本倾斜的杯子调整到垂直状态。当杯子是倾斜状态时，杯子里灌入了水。由于硬币一开始是在水中的，观众看到的其实是硬币反射的光折射后产生的虚像，硬币实际在另一个位置。由于杯子灌入水后，并不会改变硬币反射光的光学路径，所以观众这个时候能够看到硬币的虚像。

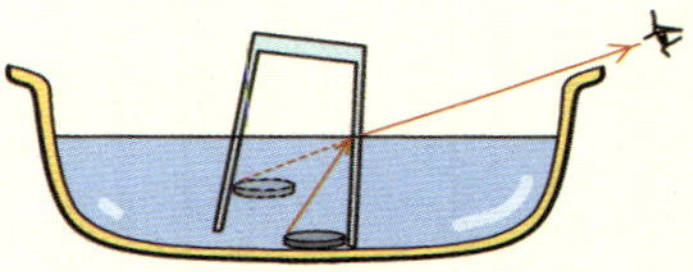

1

2 当魔术师把杯子拿起来再放入盆中时，杯子在垂直状态慢慢压入水中，杯子中是没有水的，这时硬币反射的光不再通过水发生折射，硬币不存在虚像，而硬币又被盆的边缘挡住了，所以从观众的角度在水中就看不见硬币了。

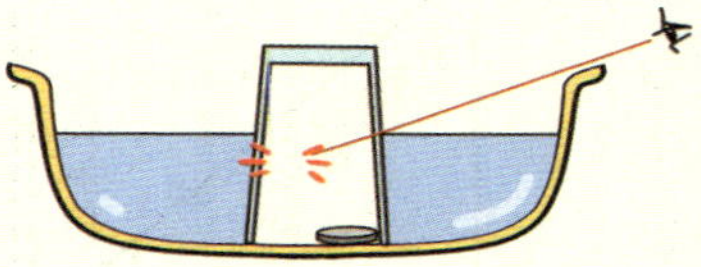

2

探秘科学知识

折射定律是什么

光的折射是指光线在穿过不同介质的界面时，其速度和方向发生改变的现象。例如，当光从空气进入水中时，由于水的密度比空气大，光速减慢，光线就会发生弯折。光的折射是一种非常有趣的自然现象，它使得光线在穿过不同的物质时会发生弯折的效果。折射率就是用来衡量光线在介质中弯折程度的一个数值。

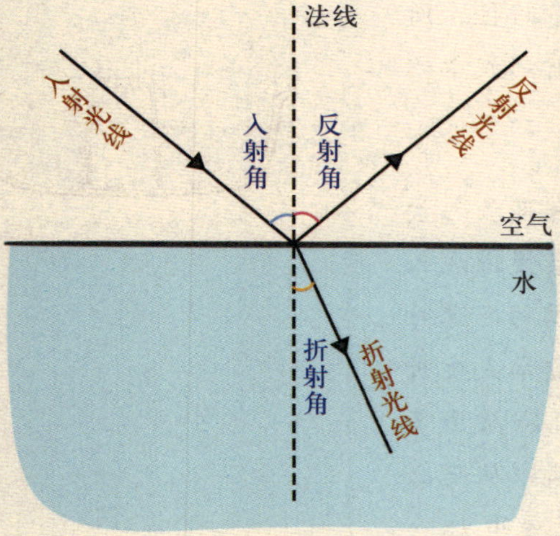

折射定律图示

每种材料都有其特定的折射率，就像每个人都有不同的身高一样。

折射现象可以用折射定律来描述。折射定律由荷兰数学家斯涅尔发现，因此又被称为“斯涅尔定律”。简单来说，就是入射角和折射角之间有一定的关系。

光的色散

色散是一种光学现象，指的是光在通过介质时，不同波长的光具有不同的折射率，导致光的传播速度和折射角不同。这种现象最经典的例子就是白光通过三棱镜时的“七彩分光”现象。白光并不是单一的颜色，而是由红、橙、黄、绿、蓝、靛、紫七种颜色的光混合而成。当白光通过三棱镜时，由于不同颜色的光在玻璃中的折射率不同，它们的传播速度和方向也会发生变化，最终分解成七种不同的颜色。这种现象就像一场光的“变形秀”，白光在瞬间变成了七彩的光谱。

色散现象的发生与光的波长和介质的性质密切相关。当光从一种介质进入另一种介质时，由于折射，它的传播方向会发生改变。不同波长的光在介质中的折射率不同，导致它们的折射角也不同。波长越短的光（如紫光），折射率越大；波长越长的光（如红光），折射率越小。这意味着红光在介质中的传播速度相对较快，而紫光则相对较慢。这种差异导致了光的路径发生了偏移，从而形成了七彩光谱。

知识拓展应用

光的折射及应用

1. 分光棱镜

分光棱镜是一种利用光的折射原理来分解光线的光学仪器。当白光通过分光棱镜时，会被分解成七种不同颜色的光，形成类似彩虹的效果。这一现象不仅美丽，还在科学应用中具有重要作用。

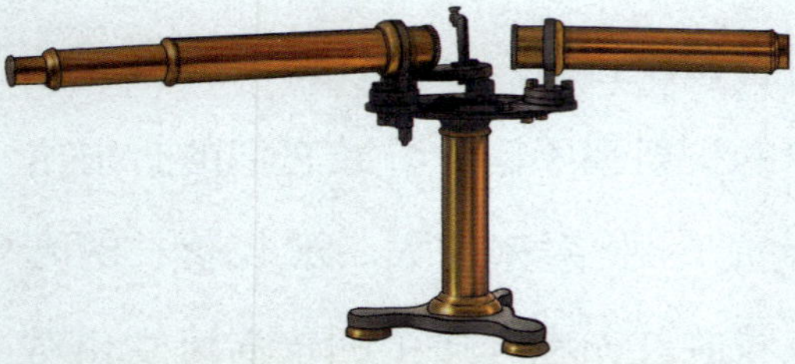

分光棱镜的应用——分光计

分光棱镜被广泛应用于光谱分析领域，通过分析不同波长的光线，可以了解物质的成分和特性。在化学、物理等领域，分光棱镜是研究和分析光的重要工具。此外，分光技术也被应用在激光设备和光通信等领域，推动了科技的发展。

2. 捕鱼时光的折射现象

当我们站在水边观察水里的鱼时，光线从鱼身上反射出来，经过水面进入我们的眼睛。因为水和空气有不同的密度，光线在穿过水面时会发生弯折，使我们看到的鱼好像比它实际的位置更靠近水面，实际上，鱼在水中比我们看到的位置更深。所以，当我们用叉子叉鱼时，不能直接对着看到的鱼的位置叉，而是要往稍微深一点的地方刺下去，这样才能准确叉中鱼。

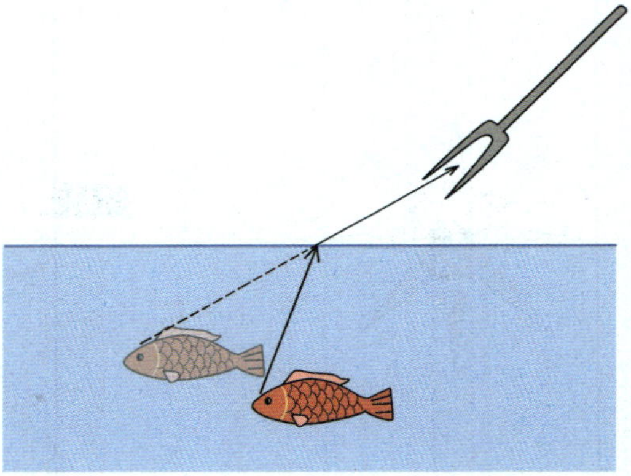

叉鱼时为什么要往看到的鱼儿下方叉

折射现象解释了为什么我们看到的水中物体的位置会与它的实际位置有所偏差。

彩虹的形成原理

彩虹是阳光在水滴中发生折射、反射和色散后形成的彩色光弧，常见于雨后或瀑布附近。其形成过程可分为以下步骤。

1. 光的折射与色散

当阳光进入球形水滴时，由于水与空气的折射率不同，光线会发生折射（进入水滴时弯曲）。不同颜色的光（波长不同）折射率不同，导致白光色散为红、橙、黄、绿、蓝、靛、紫七种颜色（红光折射率最小，紫光最大）。

2. 内壁反射

色散后的光在水滴内壁发生一次反射（主虹）或两次反射（副虹，即霓）。霓是太阳光进入小水滴里，经过两次折射和两次反射形成的，通常出现在虹的旁边，呈一种色彩的圆弧，它的颜

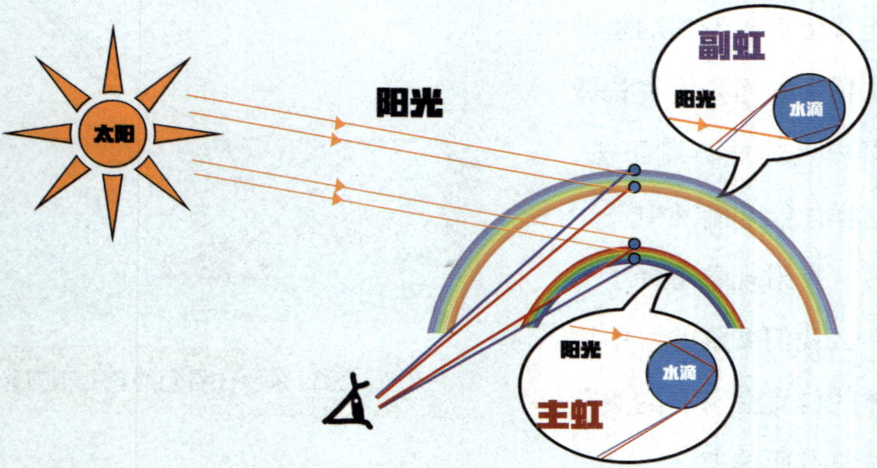

彩虹的主虹和副虹

色排列与虹相反，色序是外紫内红，色彩要比虹淡一些，也叫副虹。因为多一次反射，能量便多一次损失，所以我们看到的霓的色彩比虹要淡一些。

3. 再次折射

反射后的光从水滴另一侧射出时再次发生折射，进一步分离颜色。

4. 观察角度

彩虹的圆弧形状由人眼、水滴和太阳的位置共同决定。所有满足入射角约为 42°（主虹）或 50°（副虹）的水滴会形成以观察者为中心的圆环。由于地面遮挡，通常只能看到半圆彩虹。在飞机上或高空中可能看到完整圆环。

斯涅尔发现光的折射定律

斯涅尔

1621 年，荷兰数学家斯涅尔发现了关于光的折射现象的定律，叫作“折射定律”。折射是光从一种介质进入另一种介质时发生的现象，例如，光从空气进入水中时会改变方向。这就像你站在水里看你的脚，脚的位置看起来和实际位置不一样，这就是光的折射所致。

在斯涅尔之前，很多人已经观察到了光的折射现象，但他们没有像斯涅尔那样找到其背后的数学关系。他们只是收集了入射角和折射角的数据，但没能发现两者之间的规律。斯涅尔的突破源于他设计了一个巧妙的实验：他使用了一个装满水的长方形玻璃水槽，当光线射入水中，他发现光线发生了偏折，但在没有水的时候，光线是直行的。通过观察光在水中的实光线（光线的实际路径）和空气中的虚光线（假想的延长线），斯涅尔发现了其中的数学规律。

斯涅尔发现，当光从光速快的介质（如空气）进入光速慢的介质（如水）时，折射角比入射角小；而光从光速慢的介质进入光速快的介质时，折射角比入射角大。通过这一实验，斯涅尔最终找到了折射定律，彻底解决了光的折射问题。这个发现让我们更好地理解了光的传播方式，并为后来的光学研究奠定了基础。

魔幻科学实验

从碗中变出的硬币

实验步骤

1

① 准备一枚硬币和一个不透明的碗。

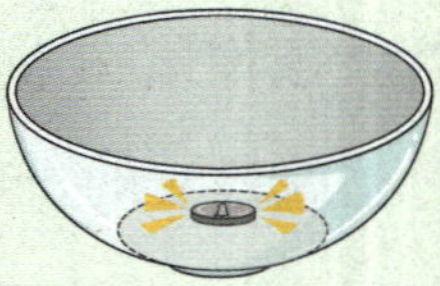

2

② 将硬币放在碗的底部，然后斜着从某个角度观察硬币，直到硬币刚好看不到。

3

③ 逐渐往碗中加水，当水没过硬币时，硬币光线路径发生了改变。

4

④ 由于折射造成的视觉错觉，硬币看起来就像“变出来”了一样。

科学原理

我们能看到物体是因为光线照射到物体上，再反射到我们的眼睛里。而光线穿过不同密度的透明物质时就会发生弯折。本实验里，硬币反射的光线经过水和空气的界面后，折射到我们的眼睛里，如图所示，所以我们才看见硬币。

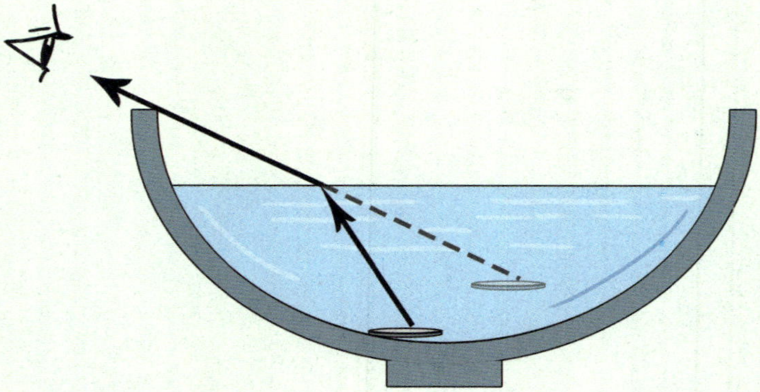

第六章

利用材料的折射率表演科学魔术

在这场折射的奇幻旅程中，魔术师手中的每一张纸片、每一根试管，似乎都蕴含着无尽的奥秘。他轻松地展示着透视的奇迹，信封在他的手中瞬间变为通透的窗户，展示出人类肉眼难以捕捉的秘密。

这一切的背后，隐藏着科学的伟力——光速的变化和材料折射率的秘密，以及原子之间的微妙碰撞。它们共同谱写出一首让人屏息凝神的魔幻乐章。在这个舞台上，魔术师不仅是表演者，更是掌握了自然法则的织梦者。

神奇科学魔术

可透视的信封

1

2

3

4

魔术表演

1 魔术师向观众伸出手，说道：“今天我们将进行一项特别的表演。请随便写下一个数字，任何你喜欢的数字都可以。”

2 观众按照指示写下数字，如688，然后将纸条放进信封里。

3 观众小心地将信封封好。

4 魔术师拿起封好后的信封，说：“我今天要展示一项非凡的能力——‘透视’。”然后，他直接说出了观众写的数字“688”。

科学原理

1. 魔术师在观众将写完字的纸条放进信封之后，悄悄将丁烷喷在了棉花上。

1

2. 然后，将喷了丁烷的棉花偷偷地抹了一下信封。

2

3. 此时，丁烷让纸张变透明了，可以清晰地看见信封里的字。这是因为丁烷的折射率较大，当丁烷接触到纸张时，能够减少光的散射，使得光线穿过纸张纤维，从而使纸张看起来更加透明。而丁烷本身又极易挥发，所以当魔术师偷看之后，信封会迅速恢复到之前没有擦拭丁烷的状态，观众察觉不到信封被动过。

3

消失的试管

1

魔术表演

1 魔术师对观众说："这是一根透明的试管，放在油里也能看到。"说完，魔术师把试管放入油里，观众确实能看到。

2

2 魔术师接着说："只要我念出咒语，试管就会逐渐消失。"

3

3 魔术师念完咒语"魔幻科学变变变"，试管就开始从下到上逐渐看不见了。

4 最后，杯中只剩下油，试管彻底不见啦！观众们全都惊讶地鼓掌，看着那只装着油的杯子，仿佛刚刚的试管从未放进去过一样。

4

科学原理

当魔术师将试管放入油中时，试管内部最初装满空气，而外部则是油。玻璃的折射率通常在 1.5 左右，而油的折射率在 1.3 到 1.5 之间，具体取决于油的种类。由于空气的折射率（约 1.0）与油的折射率存在差异，光在试管和油的界面处发生折射，使得试管的边界清晰可见。

然而，当试管被压入油中后，油被灌入试管，试管内部的空气被压缩并逐渐被油取代。此时，试管内部和外部的折射率变得非常接近甚至相同（玻璃和油的折射率接近）。由于折射率匹配，光在试管和油的界面处几乎不发生折射，试管的边界变得模糊甚至完全不可见，从而造成试管“消失”的视觉效果。

这种现象是由于折射率的匹配使得试管的可见性降低，而非试管本身物理上的消失。

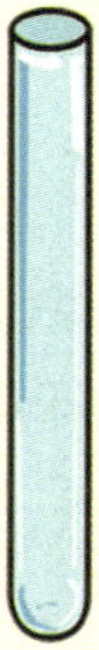

玻璃的折射率约在
1.4 ~ 1.6 之间

植物油的折射率
约为 1.4

魔幻水晶球

1

魔术表演

1 魔术师向观众展示一缸清澈见底的水，水里看起来什么都没有。魔术师神秘地宣布：“接下来，我要在水里变一些东西出来。”

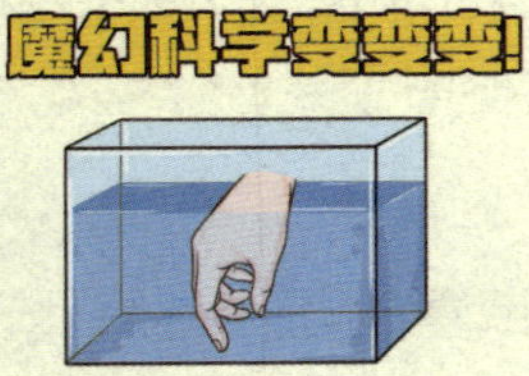

2

2 魔术师把手伸进水中，说了一句：“魔幻科学变变变！”

3

4

3 – **4** 紧接着，魔术师在水中一抓，当手离开水后，竟然拿着一颗水晶球。

科学原理

魔术师从水中拿出的水晶球不是玻璃的水晶球，而是一种特制的水晶球，是由吸水性树脂制成的，主要材料是淀粉、丙烯腈或丙烯酸酯等。这种树脂材料和水具有相近的折射率，所以放在水里几乎可以达到隐形的视觉效果。而玻璃材质的水晶球和水的折射率有很大差别，所以，如果玻璃材质的水晶球放在水里，则能很清楚地看到。

探秘科学知识

为什么不同的材料会有不同的折射率

这是因为光在不同材料中传播的速度不同。

通俗地说，光在空气中传播速度极快，但当光进入水、玻璃或钻石等材料时，速度会变慢。折射率是用来描述光在一种材料中传播快慢的一个数字。折射率的数值越大，表示光在这种材料中的传播速度越慢。

为什么会这样呢？这和材料内部的结构有关。不同材料的原子排列方式不同，原子之间的距离、电子的分布等都会影响光在材料中的传播路径。当光穿过材料时，它会跟这些原子和电子发生相互作用，从而改变光的传播速度。

简单来说，材料的密度越大或者原子结构越复杂，光在其中传播的速度就越慢，折射率就越高。例如，钻石这种密度很高且结构很复杂的材料，其折射率会很大，而空气这种“稀薄”的介质，光几乎受不到阻碍，因此，其折射率就很小。

这样一来，不同材料的折射率就有了差异，这也是我们为什么能看到透过玻璃或者水的物体变得“弯曲”或者“扭曲”。

本章科学魔术中材料的折射率

1. 丁烷

在“可透视的信封”魔术中，纸张的不透明性主要是由其纤维间的空隙和表面的粗糙度造成的，这些因素导致光线发生漫反射。当纸张接触到像丁烷这样的物质时，丁烷能够迅速填充纸张纤维间的空隙，使得纸张表面变得更加平滑，减少了漫反射。

由于空气的折射率较小，光线在空气中基本沿直线传播，并被纸张纤维挡住，导致纸张看起来不透明。而丁烷的折射率较大，在遇到丁烷与纸张纤维的界面时，光线会发生折射，光线穿过纸张纤维的阻挡，使得纸张看起来变得透明。这种现象与在毛玻璃表面滴水或贴透明胶带使其透光的原理相似，都是通过减少光的漫反射来增加透明度。

2. 植物油和玻璃

在“消失的试管”魔术中，魔术师的魔术液其实就是植物油。以下是不同情况下玻璃试管可见性的解释。

空气中的试管：由于玻璃的折射率（约 1.5）和空气的折射率（1.00）差异较大，光线在玻璃与空气的交界面上发生较多的折射和反射，使得试管清晰可见。水中的试管：当试管放入水中时，由于水的折射率（约 1.33）与玻璃的折射率差异依然存在，光线在玻璃与水的界面上仍会发生折射，因此试管依然可见。植物油中的试管：植物油的折射率（约 1.47）与玻璃试管的折射率非常接近，当试管放入植物油中时，光线在玻璃与植物油的界面上几乎不发生折射，减少了边界的可见性，导致试管在视觉上“消失”。

知识拓展应用

巧用折射率来判断珠宝的真假

不同的宝石，如钻石、红宝石、蓝宝石，它们的折射率是不同的。每种宝石都有其独特的折射率，就像“指纹”一样，能帮助我们识别它们。科学家们通过大量实验，已经测定了各种宝石的折射率。

钻石的折射率大约是 2.42，红宝石和蓝宝石的折射率大约是 1.76，玻璃的折射率大约是 1.5。

所以，如果你拿到一块疑似钻石的宝石时，通过这个方法，我们就可以判断其真假！如果通过测量，发现它的折射率远低于 2.42，那它可能就是假钻石，可能是玻璃或者其他材料做成的。

如何测量折射率

在家中，有一个非常简单的方法可以测量折射率，即利用激光笔、量角器和直尺来观察光在不同介质中的折射现象。这种方法通过测量光线在不同介质中的弯曲角度，然后运用斯涅尔定律，就可以计算出液体的折射率。这是一个既直观又考验动手能力的实验，可以帮助我们理解光的传播行为以及不同介质对光的折射影响。

随着科学技术的发展，科学家们发明了更精确的工具来测量折射率，例如折射仪。折射仪是一种用于测量光在不同介质中折射情况的小设备，特别适用于宝石、玻璃等透明材料的折射率测量。使用折射仪时，只需将待测物体放在仪器上，当光线通过该物体发生弯曲时，仪器就会根据光线的折射角度直接显示出折射率的数值。

折射仪的发明和广泛使用极大地提高了折射率测量的精确性和方便性。以前，通过手动测量光线弯曲角度的方式虽有效，但误差较大。折射仪则克服了这些限制，使得测量折射率变得更为精确，它已在珠宝行业、光学领域以及化学实验中得到了广泛应用。

从简单的实验到使用折射仪，这一过程体现了科学家们不断改进技术的努力，也加深了人们对光学现象的理解，并使日常的测量变得更加便捷。

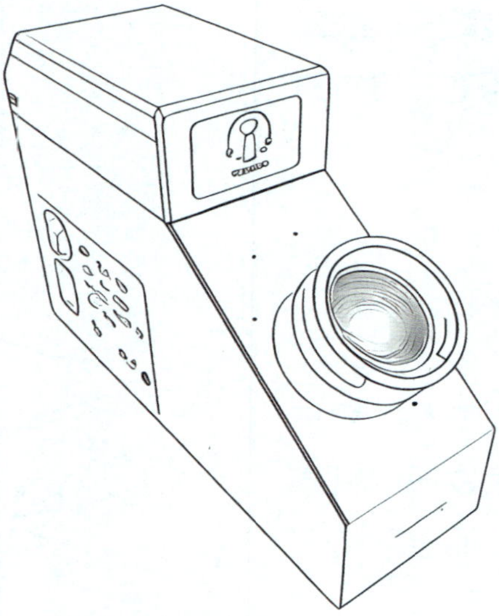

珠宝折射率测试仪器

玻璃棒消失术

实验步骤

① 将玻璃棒放入清水中，玻璃棒变粗了。

1

② 接下来，拿出玻璃棒，并往杯中加入食用油，等待油和水分层。

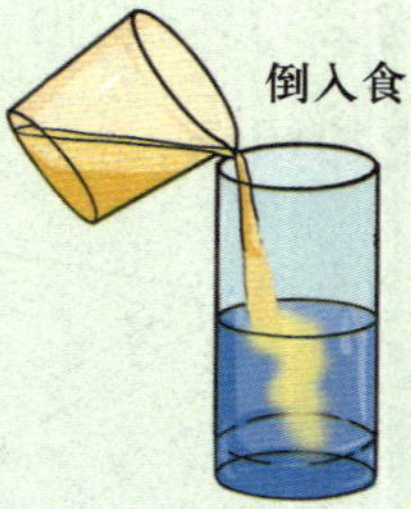

2

③ 把玻璃棒放入水和油的分层溶液中，会发现玻璃棒中间部分消失了，而上下部分仍然能看到。

3

科学原理

这个实验展示了光的折射现象。在水和油的分层溶液中，由于水和油的折射率差异较大，玻璃棒在水和油的交界处会产生显著的折射现象，导致中间部分的光线路径发生显著改变，使得中间部分看起来消失了，而玻璃棒的上下两端由于折射率差异较小，因此仍然能够被观察到。当玻璃棒浸在食用油中时，由于玻璃的折射率和水不同，和油的折射率相近，光线在两者之间的折射现象不明显，因此玻璃棒看起来像消失了。

科学笔记

第七章

利用透镜原理的魔术

透镜这个古老而神奇的工具，犹如宇宙的一扇窗户，它改变了光的轨迹，让我们窥见那些隐藏于世的奥秘。在透明的玻璃曲面中，光束像河流一样被巧妙地引导，折射出不可思议的景象。在魔术的舞台上，这些景象成为一个个奇迹。透镜通过简单的物理原理，创造出看似与现实背道而驰的神奇效果，它使微小的物体如山岳般宏伟，也能让庞大的事物瞬间变小。我们站在透镜的前端，仿佛触碰到了自然的神秘面纱。

神奇科学魔术

互换颜色的蜡烛

1

魔术表演

1 魔术师说：“接下来，我要让这两根蜡烛的颜色互换。”

2

2 说完后，魔术师往杯子里倒入一种液体，蜡烛的颜色慢慢地发生了变化。

3

3 当水杯倒满液体后，两根蜡烛的颜色真的互换了！观众们惊叹不已，满脑子都是问号。

不可能的等式

魔术表演

1 魔术师说："我能让不等式变为等式。只需要加一些水，就能让 800+081=188 变得成立！"

1

2 只见魔术师开始往杯子里加水，随着水的加入，数字仿佛被魔法所触动，发生了变化。最后，等式神奇地变成了 008+180=188，一个完美的等式！

2

反转的箭头

1

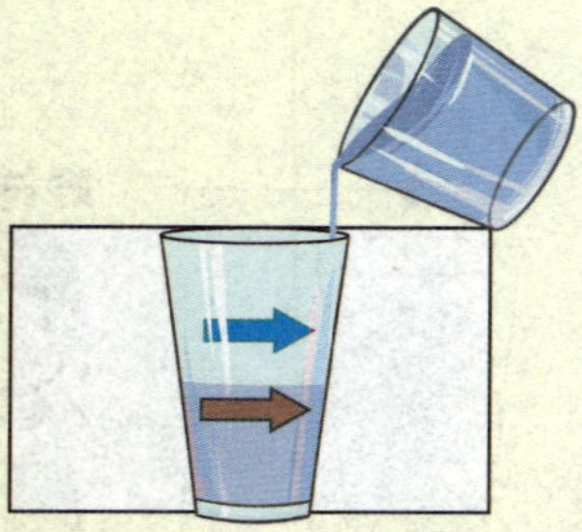

2

3

魔术表演

1 魔术师用中性笔在白纸上画了两个颜色不同、方向不同的箭头，并准备了一个空的玻璃杯放到箭头前，还有一个装有清水的玻璃杯。

2 魔术师将空杯子放在画有箭头的纸前面，然后轻轻将清水倒入空杯子。当水加到一半时，令人意想不到的事情发生了！原本朝左的红色箭头竟然神奇地改变了朝向！

3 魔术师继续往杯子里加水。当水满杯的那一刻，奇迹再度发生——不仅红色箭头彻底翻转，连原本朝右的蓝色箭头也悄然改变了方向。

科学笔记

现在就要赢

1

魔术表演

❶ 魔术师微笑着向观众展示一张纸，纸上写着“won”三个字母。魔术师说：“想赢，就现在！”

2

❷ 魔术师把一个透明的杯子放在纸张前面，这个时候观众可以清晰地看到“won”这三个字母。

3

❸ 接着，魔术师在杯子里加上水，等水满杯时，“won”变成了“now”，效果非常神奇！

科学原理

以上 4 个魔术，水杯在其中起到的是透镜的作用，其工作原理是基于光的折射。具体的光线折射路径如下图所示。

水和玻璃都会使光线发生折射，当玻璃杯中加水后，它就相当于一个圆形的凸透镜，会使物体的影像产生放大或缩小等效果。当物体放在凸透镜的焦距以内时，产生的影像是“正立放大”的虚像。如果物体放在凸透镜的焦距 1 ~ 2 倍之间时，产生的影像是“倒立放大”的实像。当物体位于凸透镜 2 倍焦距以外时，形成的则是“倒立缩小”的实像。箭头反转是因为将箭头放在玻璃杯（已加水）的焦距之外，从而形成了倒立的实像，所以就看到方向颠倒的物体了。

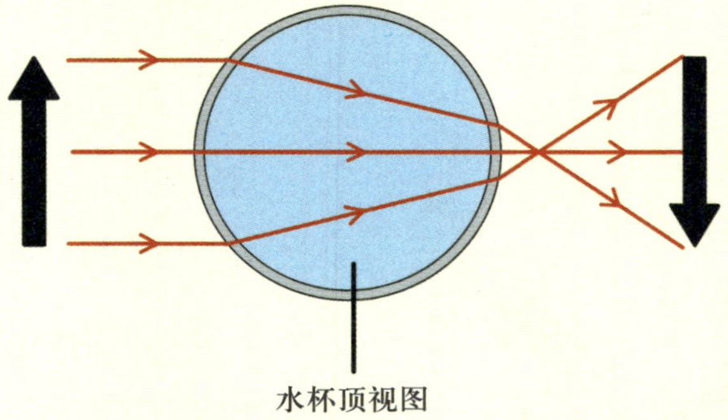

光线经过水杯后的折射路径

探秘科学知识

什么是凸透镜、凹透镜

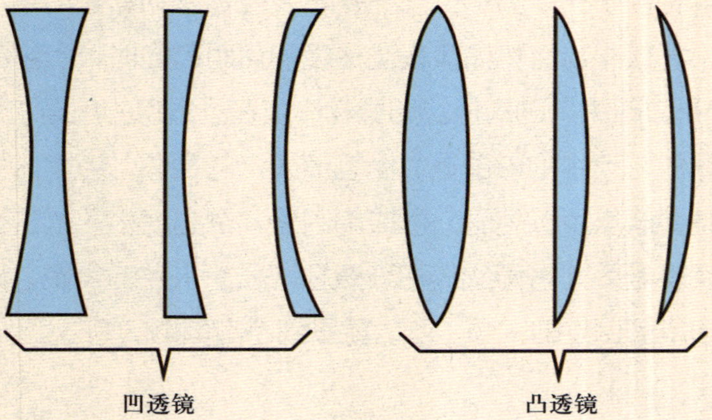

凸透镜：这种透镜的特点是，中间的部分最厚，而边缘薄。它能把光线聚到一起，帮助你看清楚近处的东西。因此，凸透镜常用于放大镜、相机镜头等。在阳光下，利用凸透镜的焦点可以集中光能，产生足够的热量来点燃纸张。

凹透镜：与凸透镜相反，凹透镜的中间部分最薄，边缘厚。它能把光线发散开，帮助你看清楚远处的东西。因此，凹透镜常用于矫正近视。就像通过门上的猫眼，看到的外面的景象比实际更大、更远。

透镜是如何加工制作的

透镜的加工制作是一个精细而复杂的过程，涉及多个步骤和工艺。首先，根据透镜的用途和光学性能要求，选择合适的材料，如玻璃或塑料。其次，将所选材料切割成所需的形状和尺寸，这一步骤需要精确的测量和切割技术。对于玻璃透镜而言，通过研磨和抛光工艺，将透镜的表面打磨成所需的曲率和光滑度，以确保其光学性能达到设计标准。对于塑料镜片，先通过注塑成型，制成毛坯后，再经过研磨和抛光。研磨过程中，需要不断检测透镜的表面精度和光学特性，以确保其符合要求。最后，透镜还需要经过清洗和镀膜处理，以提高其透光率和抗刮擦性能。整个加工制作过程需要精湛的技艺和精密的设备支持，才能制造出高质量的透镜产品。

知识拓展应用

生活中常见的透镜

透镜是一种能够通过折射改变光线传播方向的光学元件，生活中有许多应用透镜原理的物品。以下是一些常见的透镜及其应用。

1. 近视眼镜和远视眼镜

近视和远视是日常生活中最常见的视力问题，眼镜是解决这些问题的主要工具。

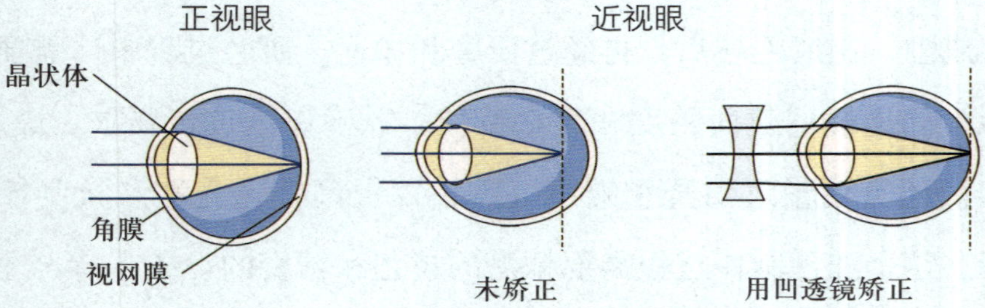

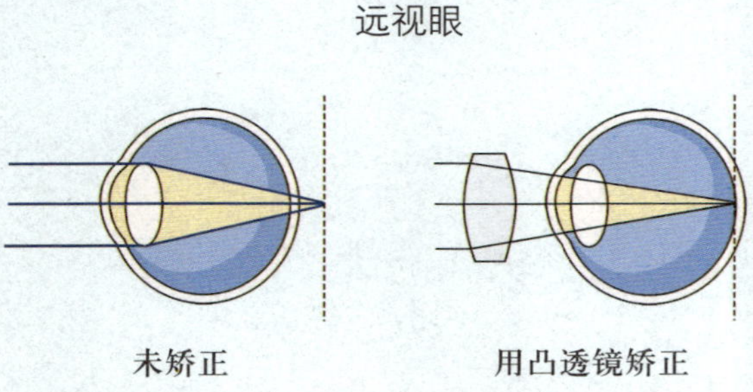

近视眼镜的镜片是凹透镜。近视患者由于眼轴过长或角膜曲率过大，使得平行光线在到达视网膜之前就会聚焦，导致远处物体看起来模糊。凹透镜可以发散进入眼睛的光线，使得光线在视网膜上正确聚焦，从而让眼睛可以清晰地看到远处物体。

远视眼镜的镜片是凸透镜。远视患者通常是因为眼轴过短或角膜曲率不足，导致平行光线在视网膜后方聚焦，使得近处物体看起来模糊。凸透镜可以将光线聚焦，帮助近处的光线在视网膜上成像，让远处和近处的物体都变得清晰。

2. 猫眼和防盗门的安全保障

在我们的日常生活中，猫眼是一种常见的安全装置，通常安装在防盗门上。猫眼的工作机制主要依靠一个小型透镜，它可以让我们在室内清晰地看到门外的情况，而不必打开门。这种设计有效地提升了我们的安全防护，让我们在不确定门外情况时，能够安全地进行观察，保障我们的人身和财产安全。

3. 摄像机和照相机镜头

摄像机和照相机镜头通常由多个凸透镜和凹透镜组合而成，通过透镜组控制光线的聚焦，以拍摄出清晰的图像。不同类型的镜头可以通过调整焦距来达到放大或缩小拍摄对象的效果。例如，长焦镜头通过多个凸透镜和凹透镜的组合，能让远处的物体在画面中看起来更近；而广角镜头则可以扩大拍摄视角，适合拍摄风景等宽阔场景。

4. 放大镜

放大镜是一种凸透镜，广泛应用于日常生活中。当物体处于凸透镜的焦距以内时，放大镜会使物体显得更大、更清晰，适合看小号字、观察昆虫等细小的物体。例如，阅读放大镜能够帮助视力不佳的人清晰地阅读书籍或查看地图。

5. 投影仪镜头

投影仪利用透镜将图像放大并投射到屏幕上。投影仪的镜头通常由多个透镜组合而成，通过调节镜头的焦距，可以让图像清晰地显示在墙面或幕布上。透镜在投影仪中的应用，使得我们在会议、教学和娱乐活动中方便地观看大尺寸的图像。

6. 汽车大灯和手电筒

汽车大灯和手电筒都使用凸透镜来聚焦光线，形成一束集中的强光。这些透镜将光源发出的光线汇聚，照亮特定方向，增加了光线的强度和照射距离，方便夜间驾驶或照明。

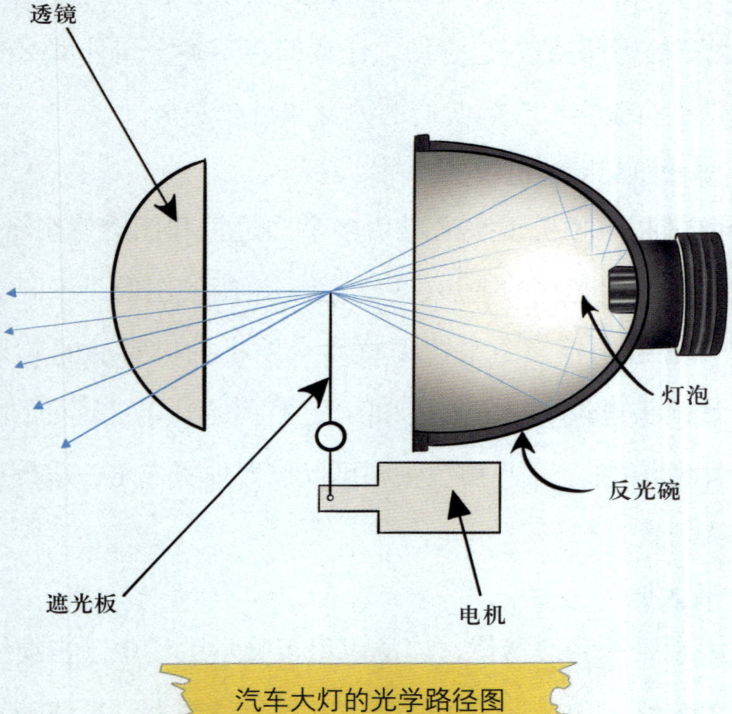

汽车大灯的光学路径图

7. 显微镜和望远镜

显微镜和望远镜都是基于透镜原理设计的光学仪器，它们分别用于放大微小物体和观察远处物体。

显微镜：显微镜通常由一系列凸透镜组成，能够将极小的物体放大数百倍甚至数千倍，广泛用于生物学、医学、材料科学等领域，帮助研究者观察微观世界。

望远镜：望远镜通常利用凹透镜和凸透镜的组合，可以让遥远的星体、建筑等变得清晰，常用于天文观测或远距离观测。

显微镜、望远镜、投影仪的原理和应用

1. 微观世界的窗口

显微镜是一种非常有用的光学仪器，它使我们能够观察到微小的细胞和细菌。显微镜的工作原理很简单，它主要由两个主要的透镜组成：物镜和目镜。物镜位于被观察对象一端，负责把微小物体的影像放大；目镜则位于我们眼睛前方，它进一步放大物镜形成的影像，这样我们就能清楚地看到细节。

例如，若想观察洋葱的细胞结构，肉眼是无法分辨的。但是如果把洋葱片放在显微镜下，通过目镜观察，我们就能清晰地看到像一间间小房子一样的细胞的结构。这样的观察使我们可以研究细胞的功能，了解生命的基本组成。

显微镜在科学和医学领域都有很重要的作用。科学家用显微镜来观察细菌和病毒，研究它们的特性；医生则通过显微镜检查病人的组织样本，以辅助诊断疾病。例如，医生可以通过显微镜

检察血液样本，寻找异常细胞的迹象。

显微镜的发明极大地改变了我们对世界的认知。以前，人们不知道微小生物的存在，有了显微镜，科学家们发现了许多新的生命形式，如细菌和单细胞生物。这些发现极大地丰富了我们对生命和健康的理解。

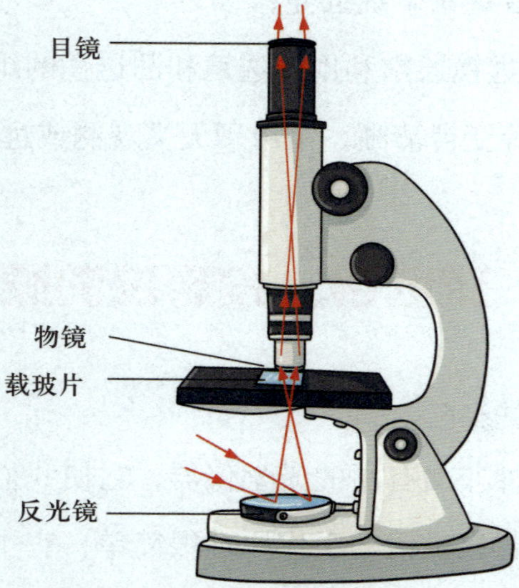

显微镜的结构和光学路径图

2. 望远镜的神奇世界

望远镜是一种用来观察远处物体的精密仪器，广泛应用于天文学和鸟类观察等领域。望远镜的主要原理就是利用光的折射和反射，从而实现对远处物体的放大观察。

在望远镜的设计中，通常会使用多个镜片，这些镜片可以折射光线，使我们能够清晰地观察到遥远的恒星和行星。例如，天文学家通过使用大型望远镜观察到的星体，实际上是在数百万甚

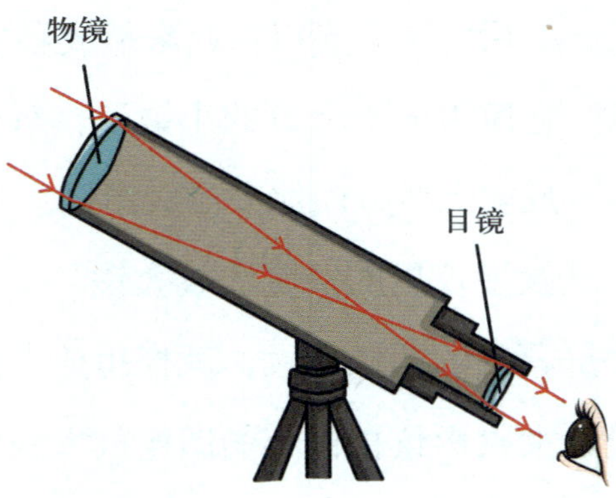

望远镜的光学路径图

至数十亿光年以外的地方。通过望远镜，科学家们得以深入研究宇宙的起源和发展，帮助我们更好地了解这个神秘的世界。

3. 投影仪是如何工作的

你是否想过，为什么一台小小的投影仪能把图片和视频投射到那么大的屏幕上？其实，投影仪就像一个超级放大镜，它能把光线和图像放大，让我们可以看到大幅的画面。下面让我们来看看它是怎么做到的吧。

投影仪的核心是一个强大的光源，它通常是一个高亮度的灯泡，负责发出非常强的光。这些光是用来照亮图像的，就像舞台上的聚光灯，帮助观众看到清晰的画面。

在投影仪内部有一个小屏幕，它就像一个小电视屏幕，显示着你想看的图像或视频。这个小屏幕是液晶（LCD）或数字微镜晶片（DMD）技术制成的。简单来说，这些技术能把图像分解成无数非常小的小块，再通过光线“重建”成完整的图像。

LCD 技术：这种技术通过三个独立的小屏幕分别显示红色、

绿色和蓝色的光，然后将这些光组合起来形成彩色图像。

DMD技术：它使用成千上万的小镜子，每个镜子都像一个微小的开关，负责反射光线，以此来形成图像。

接下来，就是投影仪里的“魔法放大镜”——透镜。透镜的作用是将这个小屏幕上的图像放大，就像用放大镜看书上的小字一样。这些透镜帮助投影仪把微小的图像放大到墙上或者大屏幕上，让大家都能清晰地看到。

当光源发出的光通过这些透镜时，带着图像的光就会被“投射”到屏幕或墙上。这就是为什么你能在白色墙面上看到放大的图片或视频。透镜还可以调整投影的大小和清晰度，所以你可以让投影画面变得更大或更小，也可以让它变得更加清晰。

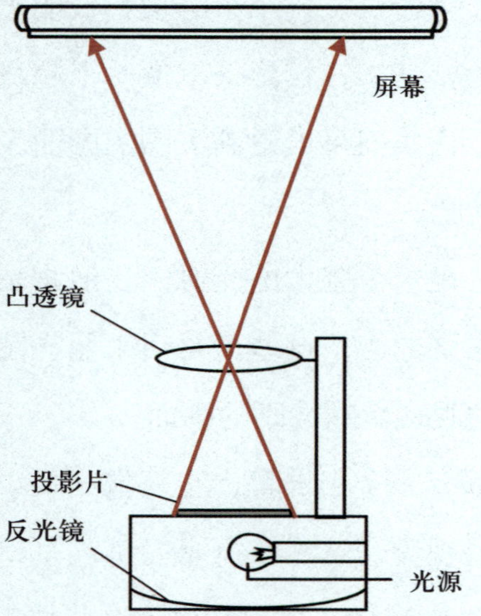

投影仪的光学路径图

在投影仪上，通常会有一个对焦轮。这个小轮子可以调节透镜的距离，从而让投影的画面更清晰。就像你用相机拍照时，需要调整焦距才能让照片变得清晰一样，投影仪的对焦功能也能让画面看起来更加清晰。

科学笔记

超凡前沿科技

探秘光刻机

光刻机是半导体制造和微纳加工[1]领域中的一种关键设备，用于将微小的图案精确地转移到被加工材料（如硅片）上。它是现代电子技术发展的核心设备之一，广泛应用于芯片制造、微机电系统等领域。

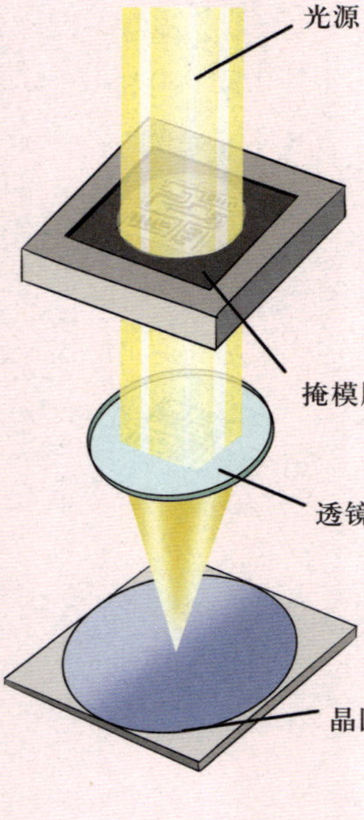

1　一种在微米和纳米尺度上对材料进行精密加工的技术，用于制造微小结构和器件，广泛应用于半导体、光电子、生物医学等领域。

光刻机的工作原理基于光的精确操控，而透镜则是这一过程中不可或缺的环节。当一束束高能量的激光从光源发出时，它们并非直接作用于被加工材料，而是先经过一系列精心设计的透镜。这些透镜通过精确的光线路径设计，将光束聚焦到一个极小的点上。这一过程需要极高的精度，因为只有当透镜的角度、位置和表面质量都达到极致时，光束才能在经过多次折射后，依然保持其能量和方向的稳定性。

通过精确控制光的折射和反射路径，光刻机能够在微观尺度上实现令人惊叹的加工精度，为现代半导体制造、微纳加工等领域提供了强大的技术支持。正是这种对光的精准掌控，使得光刻机能够在微观世界中绘制出复杂而精美的图案，推动着科技的不断进步。

望远镜的发明

1609年，意大利科学家伽利略听说荷兰人发明了一种可以让远处物体看起来更近的装置——望远镜，他立即意识到这种工具在天文学研究中的巨大潜力。伽利略没有见过这种望远镜，但他凭借自己的科学知识和精湛的技艺，开始制作属于自己的望远镜。

伽利略的第一台望远镜可以将物体放大3倍，但他并未止步于此。他不断改进设计，最终制造出一台可以将物体放大20倍的望远镜。伽利略迫不及待地将望远镜对准夜空，进行观测。

他首先观察了月亮，发现月亮表面并不像以往人们认为的那样光滑，而是布满了山脉和陨石坑。接着，他将望远镜对准木星，惊讶地发现木星周围有四个小亮点，这些亮点随着时间的推移围绕木星运行。他意识到这些亮点是木星的卫星，这一发现打破了当时流行的地心说，证明了天体的运动并非以地球为中心。

伽利略还观察了金星的相位变化，与月亮的盈亏现象类似，这进一步支持了哥白尼的日心说。此外，他还发现了太阳黑子，证明太阳不是一个完美无瑕的天体。

伽利略的这些发现震惊了整个欧洲科学界。他通过望远镜揭示了一个全新的宇宙景象。这些发现不仅改变了人们对宇宙的认识，也对科学方法论产生了深远的影响，推动了现代科学的进步。伽利略因此被誉为“现代天文学之父”，他的贡献为后来的科学家们奠定了坚实的基础。

伽利略望远镜、开普勒望远镜和牛顿望远镜的区别

1. 伽利略望远镜

组成：两个透镜，分别是凹透镜和凸透镜。

观测效果：物体会被放大，但视野相对较窄，图像也不太清晰，有点失真。

发明者：伽利略。

简单理解：像用放大镜看东西，但清晰度不足，比较适合基本的观察。

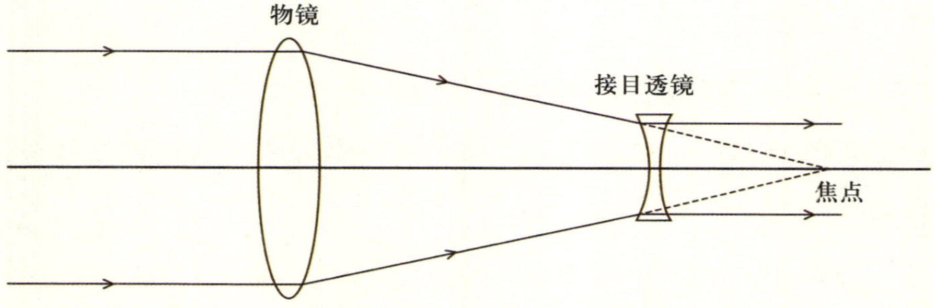

伽利略望远镜

2. 开普勒望远镜

组成：两个凸透镜。

观测效果：视野也比较小，但观测到的图像比伽利略望远镜清晰得多。所成的像是“上下左右”倒置的。

发明者：约翰内斯·开普勒。

简单理解：它就像一个更高级的放大镜，能看得更清晰，看到的细节更多。

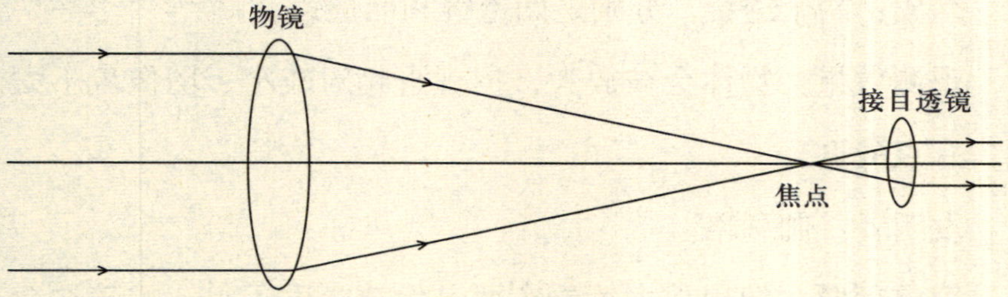

开普勒望远镜

3. 牛顿望远镜

组成：用镜子反射光，不用透镜。

观测效果：视野很大，图像非常清晰，而且没有色差（不会有彩色边缘问题）。

发明者：艾萨克·牛顿。

简单理解：不是通过透镜来放大图像，而是利用镜子来“反射”图像，适合高精度和远距离的观测。

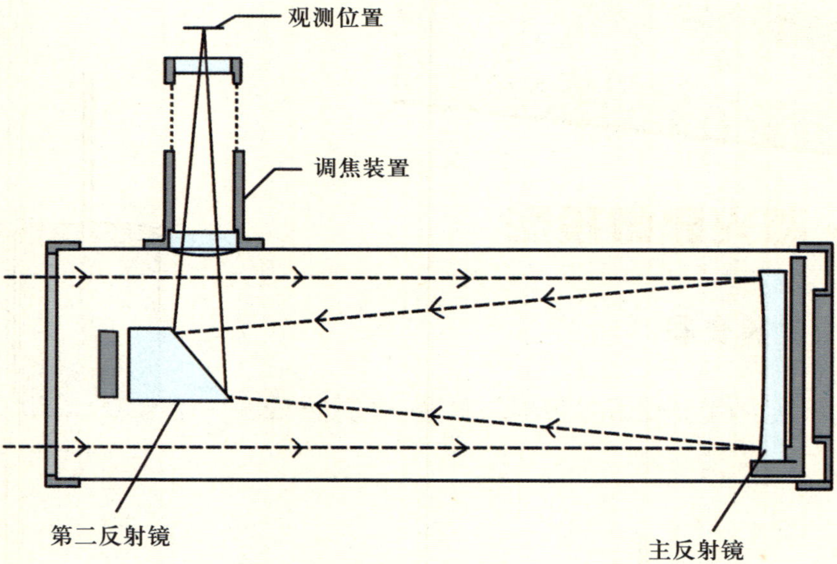

牛顿望远镜

总结

伽利略望远镜作为早期的望远镜，它类似于放大镜，清晰度不高。

开普勒望远镜提供的图像比伽利略望远镜更清晰，图像质量有显著提升。

牛顿望远镜采用反射镜技术，视野大且图像清晰，适合高端天文观测。

激光显微投影

实验步骤

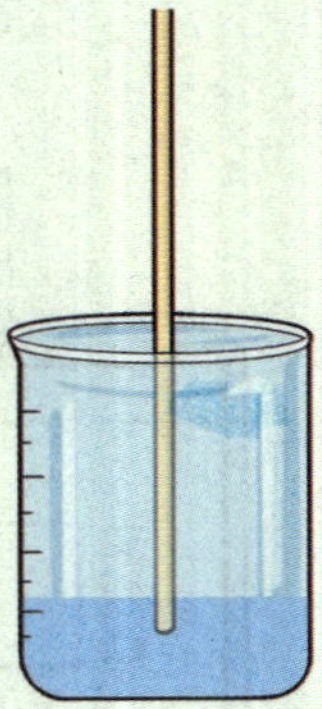
1

① 用量杯量取少量水，准备一根玻璃棒。

2

② 用玻璃棒的一端蘸取一点水。

③ 用激光笔照射玻璃棒蘸水的一端，可以在墙上看到被放大的水滴中的物质。

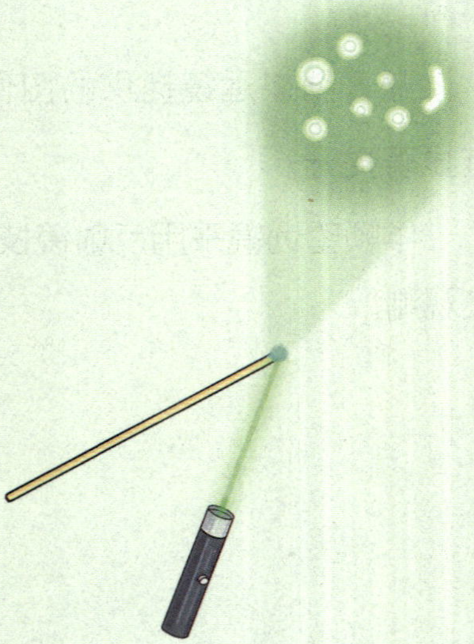
3

科学原理

当激光通过水滴时，由于水的折射作用，会放大水滴中的微小物体，例如微生物、颗粒或其他悬浮物，并且可以在墙上形成放大的影像。

通过激光束照射水滴，使观察者能够看到水滴内部的微观环境，包括水中的生态系统。这种方法可以揭示水滴中微生物、悬浮颗粒等成分，为观察和研究水生态系统提供便利，帮助我们理解水中生物群落之间的相互作用。

注意事项

激光笔发出的光线对眼睛非常危险，所以在操作过程中要小心，不要让激光直接照射或反射照进任何人的眼睛。未成年人操作此实验应在专业人士的指导和监护下进行。

魔幻科技制作

自制望远镜

材料准备

刻刀、空薯片桶、黑色卡纸、胶水、凸透镜、凹透镜。

制作步骤

1 首先，用刻刀小心地将薯片桶的下半部分切掉。这样，你会得到一个两端通透的圆筒。记住，操作时要小心，避免伤到自己。

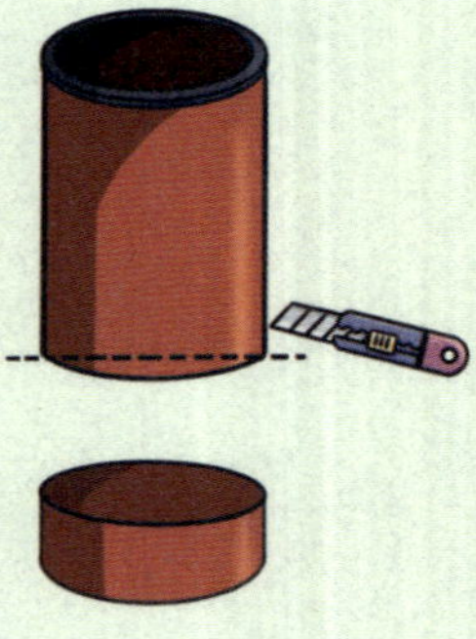

1

② 接下来，把黑色卡纸卷成一个和薯片桶内径相匹配的圆筒，用胶水固定好，以防止其散开。黑色卡纸能帮助减少光线干扰，从而看到更清晰的图像。

2

③ 然后，把黑色卡纸做成的圆筒放进薯片桶里。在圆筒的一端固定一个凸透镜，另一端固定一个凹透镜。确保透镜牢牢地固定在圆筒两端，这样制成的望远镜才不会在使用时晃来晃去。

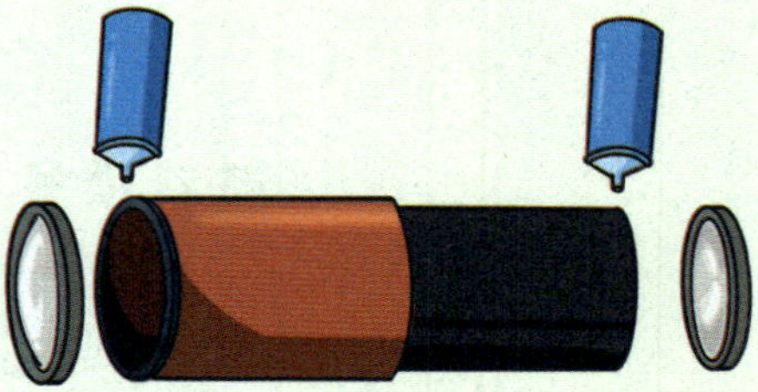

3

④ 大功告成！现在，你可以拿着自制的望远镜去观察远处的景物了。通过调整透镜的位置（推拉黑色卡纸筒），直到你能清晰地看到远方的景象。

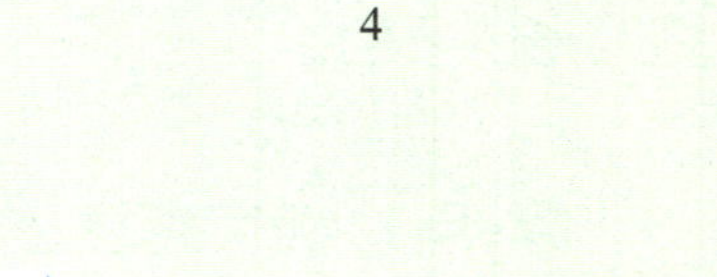

望远镜完成了

4

知识问答 这个自制的望远镜是前文提到的望远镜中的哪一种？

自制照相机

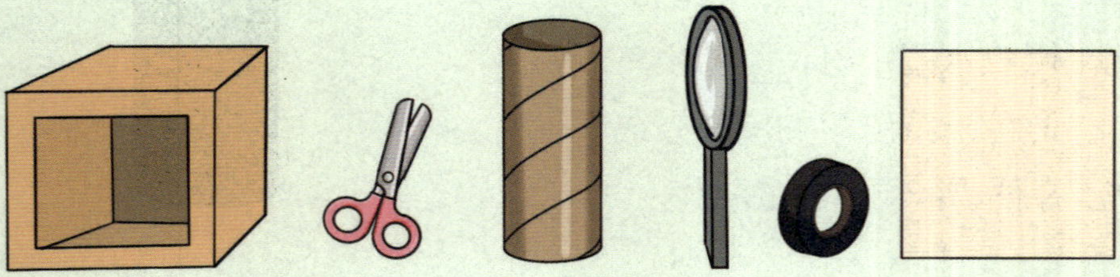

材料准备

纸盒、剪刀、纸筒、放大镜、胶带、描图纸

制作步骤

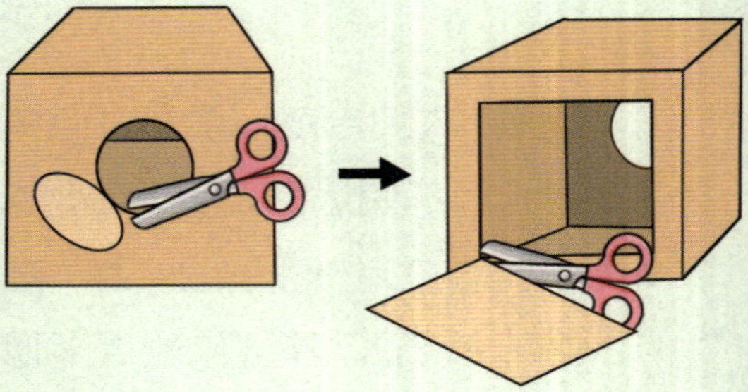

1

① 握住纸筒，竖放在纸盒开口的对侧中心，用铅笔沿纸筒在纸盒的一面画一个圆圈，然后用剪刀把圆圈剪下来。将纸盒的另一面剪出一个正方形的开口。

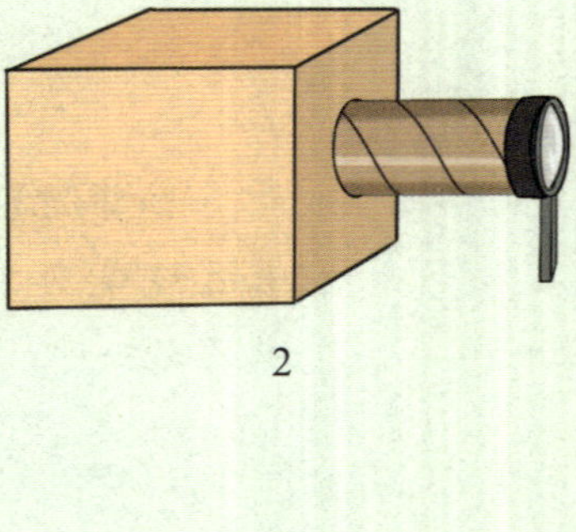

2

② 用彩纸包裹盒子（不要盖住开口），并用胶带固定。将放大镜粘在纸筒末端，然后将纸筒插入之前剪好的圆圈中，确保其可以滑动。

③ 把一张描图纸剪成合适的尺寸，用胶带将其粘在盒子的开口上。确保描图纸拉紧，没有褶皱。这样一个“照相机”就做好了。

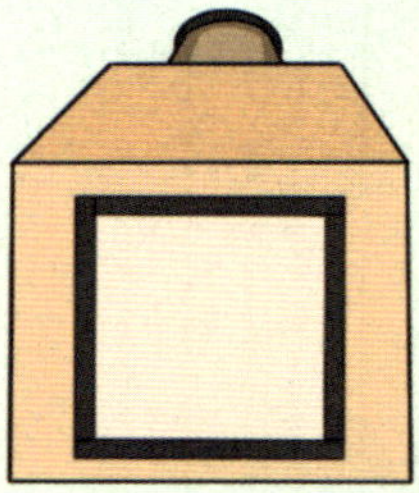

3

④ 将“照相机”对准一个明亮的物体，前后移动镜头，直到描图纸上出现清晰的图像。不过，成像是上下颠倒的。

4

知识问答 你能画出这个自制照相机的光路图吗？

第八章

反射折射相结合与全反射的魔术

反射如同宇宙中的镜面，将光线递回观众的眼前，而折射则如同穿越了时空的隧道，改变了光线的行进轨迹，营造出令人惊叹的视觉奇迹。

全反射的出现，使得光线在特定条件下完全被限制在一个介质之中，这种现象在魔术中被巧妙地利用，创造出令人难以置信的效果。通过镜面的精妙设计和角度的精准控制，魔术师能够让光线在特定的路径上循环往复，仿佛在演绎一场视觉的永恒回旋。

神奇科学魔术

大硬币变小硬币

1

魔术表演

1 魔术师拿出一枚闪闪发亮的大硬币，吸引了所有观众的目光。

2

2 然后，魔术师将这枚硬币投入一个可视的储蓄罐中。

3

3 突然，神奇的事情发生了！当硬币掉入储蓄罐后，竟然变小了！魔术师轻轻摇晃储蓄罐，向观众展示那枚缩小版的硬币。观众们十分惊讶，到底是怎么让硬币变小的呢？

科学原理

1 这个魔术的秘密在于特制的储蓄罐内部装有一个巧妙设计的漏斗，其两侧各有一面镜子。镜子与储蓄罐的左右两侧呈45°夹角，将储蓄罐左右侧面的图案反射出来，给观众造成了一种错觉，以为看到了储蓄罐内部的景象。

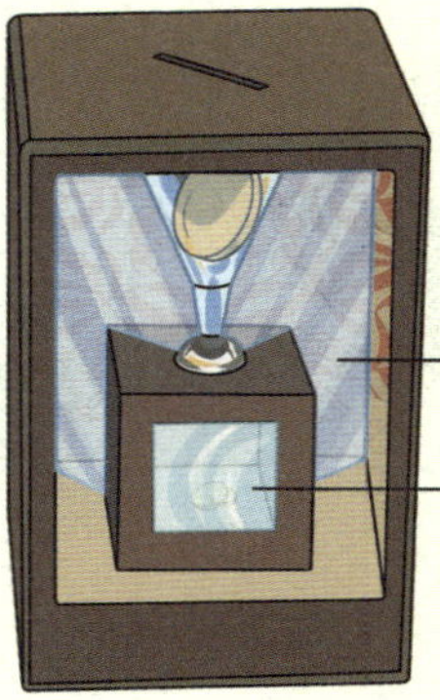

1

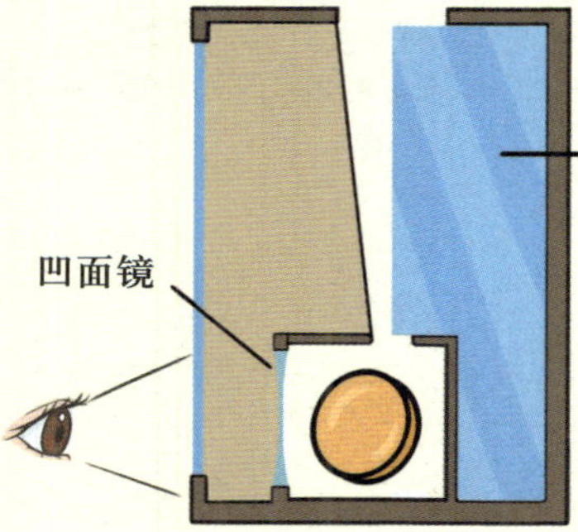

2

2 当把硬币放入储蓄罐后，由于硬币实际上掉入了一个带有凹面镜的观测口，所以观众在正前方看的时候，硬币在视觉上显得变小了。

银勺变黑勺

1

魔术表演

1 魔术师向观众展示一个杯子，杯中静置着一把银色的勺子。

2

2 只见魔术师轻轻打了一个响指，神奇的一幕发生了。

3

3 当魔术师慢慢从杯中取出勺子时，观众们惊讶地发现，勺子的头部竟然变成了黑色。

科学原理

这个魔术的秘密在于，表演魔术前，要先将勺子放在蜡烛上烤，蜡烛不完全燃烧产生的炭黑物质会附着在勺子表面，形成一层细微的炭黑层。将勺子放入水杯中后，由于炭黑的存在，水不会立即与勺子表面接触。因此，在炭黑层与勺子表面之间形成了一层非常薄的空气膜。

当光线从水中传播到这层空气膜时，如果入射角大于临界角，光线将不会进入空气膜，而是会发生全反射。由于水和空气的折射率差异较大，临界角相对较小，因此在水杯中的多个角度观察时，很容易满足全反射的条件。

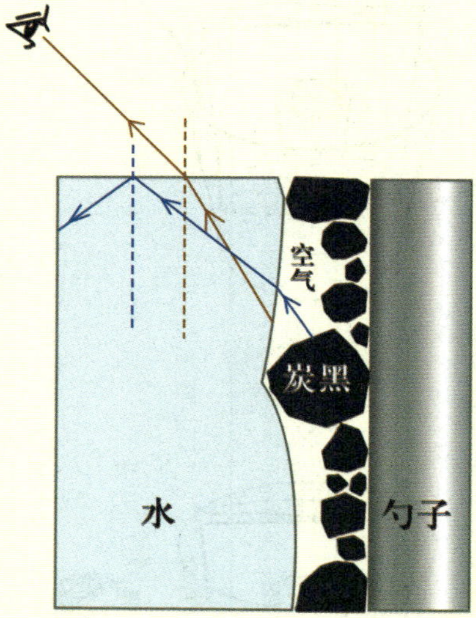

由于全反射的作用，光线被反射回水中，因此勺子的部分区域看起来像变得亮了起来，像是发光的银色。这是因为勺子表面的炭黑层阻止了光线的穿透，而光线在炭黑层上通过全反射被封闭在勺子表面的空气膜内，从而产生了亮色的视觉效果。

失去颜色的帽子

1

魔术表演

1 魔术师向观众展示一顶魔术帽，帽子放置在一个密封袋里。魔术师说："接下来，我会让这顶魔术帽的颜色消失。"

2

2 只见魔术师把密封袋放入水中，观众惊讶地发现袋子浸入水中的部分，帽子的颜色似乎正在消失。

3

3 当魔术师把密封袋完全放入水中后，观众发现帽子上的颜色竟然全部消失了！

科学原理

1. 魔术师首先需要准备一张彩色的卡片。

1

2

2. 然后，把卡片装入密封袋中，并在密封袋上画上帽子的轮廓。

3. 在这个魔术表演中，涉及的科学原理是全反射。当密封袋放入水中时，光线可能会在水与袋子的交界面发生全反射。由于光线无法穿过袋子的表面并直接进入观众的眼睛，因此，观众就会看到袋子里帽子的颜色“消失”了。这类似于当我们从特定角度观察水中的物体时，由于全反射的作用，物体的形状或颜色可能会变得不可见。

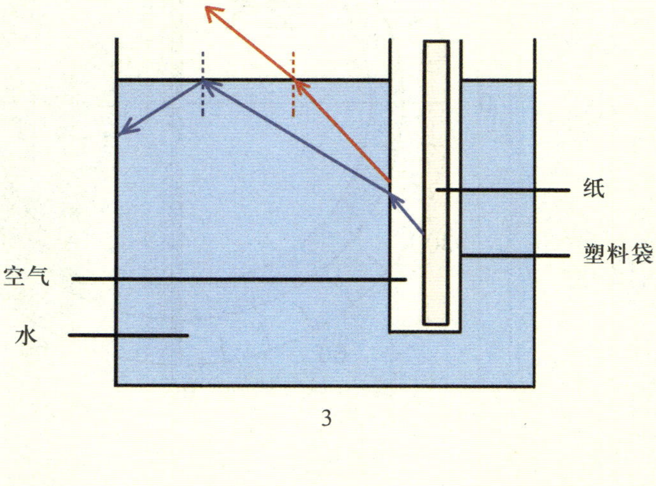

3

探秘科学知识

什么是全反射

全反射就像光线在特定条件下突然决定“掉头回家”的神奇现象。比如你拿着激光笔往水里照，正常情况下光线会部分折射进水里，部分反射回空气中。但如果你把激光笔倾斜到某个特殊角度，光线就会像碰到镜子一样全部弹回来，这就是全反射。

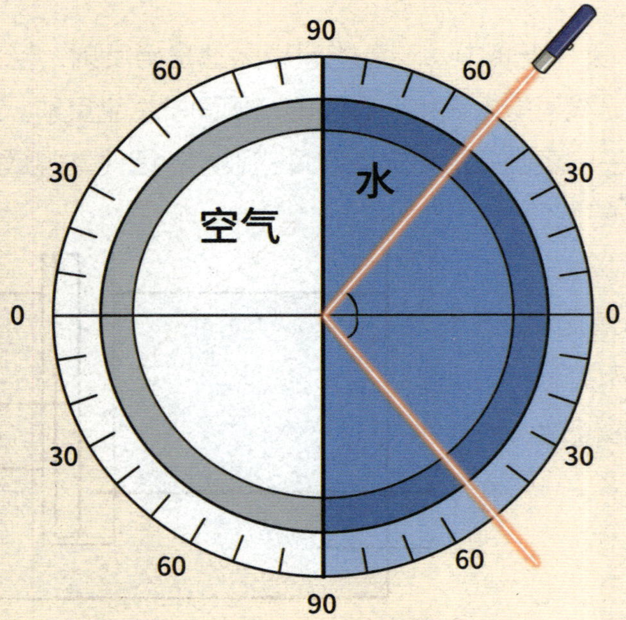

这种现象需要两个关键条件：第一，光必须从“浓稠”的介质（如水、玻璃）射向“稀薄”的介质（如空气）；第二，入射角要超过一个临界值。比如潜水员在水下抬头，当视线与水面的夹角小于 48° 时，能看到水面外的世界，超过这个角度时，水面就变成一面银镜，这就是临界角在起作用。

计算临界角的公式是：$n_1 \times \sin a = n_2 \times \sin b$，其中 n_1 和 n_2 分别代表两种介质的折射率。举个例子，如果光从折射率 n_1 为 1.36 的玻璃射向折射率 n_2 为 1.9 的酒精，当玻璃的入射角 a 为 90° 时，我们可以代入公式：$1.36 \times \sin 90° = 1.9 \times \sin b$。解这个方程，我们得到 b=45.7°，这就是临界角的角度值。

水的全反射角度是 48.7°。当光线从水射向空气时，如果入射角大于或等于 48.7°，就会发生全反射。

日常生活中最常见的例子是水中的气泡会闪闪发亮。当光线从水进入气泡内部的空气时，由于角度太大发生全反射，光线被“锁”在气泡表面反复反射，最终形成耀眼的银白色反光。钻石之所以比玻璃更璀璨，也是因为它的临界角更小（约 24°），让进入钻石的光线经过多次全反射后才逃逸。

理解全反射不仅能解释彩虹般的水晶吊灯、沙漠中的海市蜃楼，更是打开现代通信技术大门的钥匙。下次看到光纤宽带或做胃镜检查时，你就会知道这都是光线“拒绝逃离”特定材料时产生的奇迹。

知识拓展应用

海市蜃楼的原理

海市蜃楼是一种神奇的自然现象，它使得远处的景物看起来像飘浮在空中或出现在地面上。它其实是光线在空气中走弯路造成的。下面我们来看看是怎么回事。

海市蜃楼是怎么形成的？

1. 热空气和冷空气

在炎热的夏日，当你站在马路上时，会觉得地面很热，而较高处的空气比较凉。这就像在空中形成了一种垂直分布，即一层热空气位于一层冷空气之下。

海市蜃楼的光学传播路径图

光线在空气中传播时，会因为热空气和冷空气的密度差异，其路径发生弯曲。当光线从冷空气层进入热空气层时，它会向下弯曲。反之，当它从热空气层回到冷空气层时，又会向上弯曲。

2. 全反射

有时候，光线会在热空气和冷空气的边界上反射回来，就像在镜面上反射一样，这叫作“全反射”。当光线在热空气和冷空气之间不断折射和反射，它最终会进入观察者的眼睛里。

当你的眼睛接收到这些弯曲的光线时，你会看到远处的景物好像出现在空中或者地面上，但其实它们并不在那里。这就是我们所说的海市蜃楼现象。

医用内窥镜的原理

医用内窥镜是一种能直接观察人体内部器官的医疗工具，它由可弯曲的管体、照明系统和成像装置组成。医生通过人体自然孔道（如口腔、鼻腔）或微小手术切口将其送入体内，借助前端镜头和光纤 / 电子成像技术，将实时画面传输到外部显示屏。这项技术最早可追溯到 19 世纪初的硬管式内窥镜，当时用蜡烛照明只能观察直肠等浅表部位，如今已发展为包含电子内镜、超声内镜、荧光内镜等多种类型。现代内窥镜不仅能“看”，还能通过工作通道进行活检取样、微创手术等操作，例如用微型钳子切除胃肠道息肉，或通过激光导管粉碎肾结石。

其核心技术在于光学传输与成像。早期的纤维内窥镜依靠数万根玻璃光纤传递图像，每根光纤直径仅头发丝的1/10，通过全反射原理将体内影像分段“接力”传出。而电子内窥镜在镜头端集成了微型CMOS传感器，像手机摄像头般直接把光学信号转为电信号，配合LED冷光源可呈现4K超清画面。最新技术如荧光成像能让肿瘤标记物发光，3D立体视觉帮助医生判断组织层次，一次性内窥镜则彻底解决了重复使用导致的交叉感染问题。

医用内窥镜的应用场景覆盖全身多个系统：消化科用胃镜筛查早期胃癌，呼吸科用支气管镜取肺部活检，泌尿科用膀胱镜碎石，妇科用宫腔镜治疗子宫肌瘤。在微创手术中，直径仅5毫米的腹腔镜通过三个小孔就能完成胆囊切除，相比传统开腹手术，患者出血量减少90%。未来发展方向集中在智能化与微型化，例如纳米级内窥镜胶囊配备微型机械臂，吞服后自主巡航完成肠道检查与给药。随着生物相容性材料的进步，可降解内窥镜将在完成使命后自动溶解，彻底改写医疗器械的使用模式。

科学笔记

沈括与《梦溪笔谈》中的光学原理

沈括（1031—1095），字存中，北宋钱塘（今浙江杭州）人，是中国古代杰出的科学家、政治家和思想家。他自幼博览群书，精通天文、地理、数学、物理、医学等多个领域。宋仁宗嘉祐八年（1063 年）进士及第后，历任司天监、翰林学士等职，曾参与王安石变法，并出使辽国谈判边界问题。晚年退居润州（今江苏镇江）梦溪园，著成《梦溪笔谈》一书，书中收录了大量自然科学观察与实践成果，被誉为“中国科学史上的里程碑”。

沈括在光学研究上突破传统经验描述，注重实践与理论结合，其成就集中于《梦溪笔谈》一书中。

1. 凹面镜成像实验

他系统研究凹面镜（阳燧）的聚光特性，发现“阳燧面洼，向日照之，光皆聚向内”。首次提出“碍”（即焦点）的概念，指出当物体位于焦点与镜面之间时形成正立虚像，超过焦点则成倒立实像，比西方罗吉尔·培根的类似研究早约 200 年。

2. 小孔成像理论

通过观察鸢飞过塔顶时塔影移动的现象，他提出“窗隙中楼塔之影……中间为窗所束，皆倒垂”的解释，阐明小孔成像原理，并指出光沿直线传播的特性是成因，为后世几何光学奠定基础。

3. 透光镜研究

针对汉代“透光镜”（铜镜背纹在阳光下投射于墙）的神秘现象，他提出铸造时薄厚差异导致镜面曲率不同，经研磨后形成微凹凸，从而在反射时显现纹路，这一解释与现代科学分析高度吻合。

4. 自然现象解析

他还探讨了虹的成因（“日照雨，即有之”）、海市蜃楼的光学畸变（“云气各像其山川所蕴”）等，将光学原理与气象学结合，拓展了科学认知的边界。

5. 历史影响

沈括以实证精神突破传统“格物致知”的局限，其光学研究不仅推动了中国古代实验科学的发展，更被李约瑟誉为“中国整部科学史中最卓越的人物”。他的方法论与发现，至今仍在科技史与光学教育中占据重要地位。

华人科学家高锟

高锟（1933—2018），世界知名物理学家、教育家，光纤通信、电机工程专家，曾任香港中文大学校长，中国科学院外籍院士。他被誉为“光纤之父”“光纤通信之父”。

高琨

光纤通信的发明是一个充满科学发现与技术突破的精彩故事，其中高锟的贡献不可或缺。在 20 世纪 60 年代，电话通信主要依靠铜线，信号传输距离有限，容易受到干扰。高锟提出了一个革命性的想法：利用光来传递信息。这不仅能够提高通信效率，还能解决传输距离与信号衰减的问题。

当时，虽然人们已经知道光可以通过玻璃纤维传播，但信号在传输过程中损失得太快，光只能传递几米远。高锟认为，这并非光纤材料本身的极限，而是由于玻璃中的杂质导致的。他推测，如果能制造出足够纯净的玻璃纤维，光信号就可以在其中传输更远。

他的想法并没有立刻得到普遍认可，但随着研究的深入，科学家们逐渐证实了他的理论。1970 年，康宁公司成功制造出损耗极低的超纯光纤。这一突破使得光纤通信得以从理论走向实践，并在 20 世纪 80 年代得到广泛应用。

光纤通信具有极高的传输效率，光脉冲可以携带大量数据，且不受电磁干扰。随着互联网的普及，光纤技术迅速成为全球通信的基石，不仅可以铺设跨越大洋的海底光缆，实现超远距离传输，而且极大地推动了数字时代的发展。

高锟因此被誉为“光纤通信之父”，并于 2009 年获得诺贝尔物理学奖。正是他的突破性思维和坚持不懈的探索，使得现代信息社会得以快速发展。

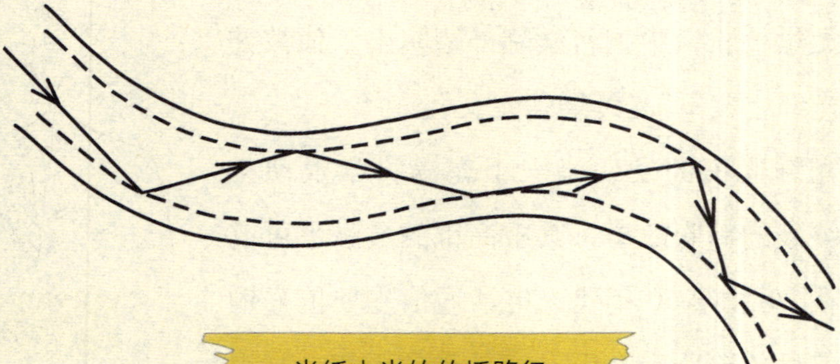

光纤中光的传播路径

魔幻科学实验

数学家的爱情

实验步骤

① 在一张纸上写上 $128\sqrt{e980}$。

1

② 在一个透明的密封袋上写上I LOVE YOU，注意与纸上数字部分重合。

2

③ 将密封袋放入水中，数学公式消失了，I LOVE YOU则会显现出来。

3

知识问答 利用全反射的原理，你可以设计出其他有趣的魔术吗？

后记

光，作为自然界最先被发现的奥秘之一，它早已成为指引我们认识物理世界的灯塔。还清晰地记得我第一次向孩子们展示书中的“让硬币消失的存钱罐”时，那个肃静而动人的瞬间。仿佛时光在那一刻停滞，所有的声音都随着那枚硬币的“消失”化为了沉静。孩子们那一双双明亮的眼睛里充满了不可思议的惊叹，他们瞳孔中绽放的光彩如同夜幕中破云而出的星辰，这样的时刻让我深刻地意识到：科学的魅力从来不止于它的知识深度，更在于讲述者唤醒它的高度。

在创作这本书的过程中，孩子们的面孔和课堂上的片段频频浮现眼前。有一次，我在讲解折射实验时，一位学生突然发现，当倾斜角度改变时，光的折射路径也会随之舞动。他带着激动的情绪跑过来向我喊道：“杨老师，光会跳舞！”这句话至今回响在我的脑海中，让我倍感震撼。那是求知的天性在呼唤世界的回响，是科学教育最美丽的瞬间。它让我意识到，科学不仅是知识的载体，更是点亮智慧和唤醒心灵的伟大通途。每一个实验、每一个现象，都是孩子们通往认知之海的桥梁，更是人类征服未知的起点。

光学的奥妙在于，它能够将抽象的宇宙法则转化为身边可触的奇迹。当光的反射变成神奇的魔术，当折射定律描出彩虹的绚丽色彩，科学便不再是冰冷的数字，而是充满生命感的艺术。通过本书的内容，我希望每个人都能感受到科学的无穷魅力，像孩子那样目光闪亮，心生向往。愿这本书成为开启孩子们好奇心的一把钥匙，让更多人怀着热情踏入科学的殿堂，用光学的魔力点燃对自然奥秘的探索冲动。

科学教育的意义，是在孩子们心中撒下好奇与勇气的种子，让他们敢于问“为什么”，让他们有动力去找答案。当看到一双双小手翻开本书时，当听到他们为一次次成功的实验兴高采烈时，我深刻感受到，科学从来不是枯燥的符号，而是一场热血且温暖的探险。那一声声从孩子们口中喊出的“哇”，不只是惊叹，更是对无限可能的向往。那一抹抹坚定的笑，是科学真正拥抱心灵的见证。

亲爱的读者朋友们，希望这本书能成为你们航行于科学星辰银河的巨大力量，激发你们的好奇与勇气，走向拥有无限可能的未来。我相信，那些在本书中寻找科学真理的青少年朋友，终有一天会成为这个世界的光明使者，用科学的热情点亮身边的每一个角落。

你的朋友　杨智明

2025 年 7 月于清华大学